はじめての「マーケティング」1年生

大阪国際大学 教授
宮﨑 哲也 著

はじめに

　世の中には、実に多くのあいまいな言葉や間違って使われている言葉があります。

　たとえば、「檄を飛ばす」は、「厳しい言葉で発奮させる」という意味で使っている人が多いのですが、本来の意味は、「決起を促すために、自分の主張などを広く人々に知らせる」ことなのです。

　また、「『さわり』を説明する」というと、「話などの最初の導入部だけを説明する」という意味にとらえている人が多いようですが、「さわり」とは話などの「肝心な部分」のことなんですね。

　実は、マーケティングも、そのようなあいまいな言葉や間違って使われている言葉のひとつだと言わなければなりません。

　そのことを明らかにするために、筆者の大学1年生向けのマーケティングの第一回目の授業に潜入してもらいましょう。

はじめに

==================================

皆さん、こんにちは。宮﨑です。今日からマーケティングの勉強を一緒にしていきましょう！

> はーい！

さすがは1年生。初々しくていいですね。
では、いきなりですが、皆さんに質問します。
マーケティングってなんですか？

> シーン……

皆さんは、マーケティングの履修登録をしてくれた学生ばかりですよね。マーケティングが何か知らないで登録したんですか？

> ポカ～ン

では、ランダムに当てて行きますね。マーケティングって何？

> あのう、ボクは～、要は販売のことじゃないかと…

> いやぁ、私は物を売るための市場調査のことだと思うんですけどね

> ……

> やっぱ、CMとか商品を売り込む手段のことでしょう！

> ていうか、主にイベントとかキャンペーンのことじゃないかしら…

はい。ありがとうございます。**全員、基本的に間違っています！**
なぜなら、『売らないこと』がマーケティングのキモだからです！

> えっ、どういうこと？？ ザワザワ…、ザワザワ…

皆さんは、シラバスをちゃんと読んで来ました？
　授業内容も知らずに登録してはいけませんよ。それは、算数と思いながら理科の授業を受けるようなものですからね（笑）
　わかりましたか？

> は～い

＝＝＝＝＝＝＝＝＝＝＝＝＝＝＝＝＝＝＝＝＝＝＝＝＝＝＝＝＝＝

　いかがですか？
　これが毎年繰り返される大学1年生向けのマーケティングの授業の冒頭シーンです。

　これを読まれたらわかるように、マーケティングほど不正確に理解されている学問は他にないといっても過言ではないのです。もちろん、学生たちの回答もすべて誤りというわけではないのですが、やはりマーケティングの本質とはかけ離れていると言わなければなりません。

　本書では、そうしたマーケティングに関して、一般に誤解されて

はじめに

いるテーマを中心にわかりやすく解説しました。

たとえば、「高品質・低価格を追求するな！」とか、「お客の声は聴くな！」とか、「ソーシャルメディアを宣伝に使うな！」といったテーマがそれです。

本書では、主人公である綾瀬結衣という大学の英文科を出たばかりの女の子がひょんなことから、ユーポート社という中小家電メーカーに入社し、マーケティング部に配属されたという設定で、物語（Episode 1 〜 9）が展開されます。

まさしくマーケティング1年生である結衣がさまざまな実務体験を通して徐々にマーケティングの本質を学んでいくことになるわけです。

各章の導入部では、結衣がまさに体当たりで次々と現れるマーケティングの難題にチャレンジしていく姿を描写しながら、後続のページではその理論や実践的な知識を解説する形をとっています。

本書は、これから、マーケティングを1から学びたいと考えている人、あるいは社会人になってもう一度マーケティングをおさらいしたいという意欲をおもちの読者を対象としています。

本書を読まれるに当たっては、ぜひご自身を主人公の綾瀬結衣に置き換えながら、さまざまな課題の解決に向けて一緒に悩み、考えるという体験を通じて、マーケティングの本質を身につけていただければ幸いです。

宮﨑　哲也

はじめに　　2

episode 1
マーケティングの基本は「売らない」こと！　　13
セリングとマーケティングは違う

マーケティングって何？　　18
マーケティングは「儲ける」ためだけのものじゃない！　　20
　　マネジリアル・マーケティング
　　ソーシャル・マーケティング
　　ＣＳＲマーケティング
セリングは、マーケティングと同じ意味？　　22
マーケティング・ミックスは、４Pから４Cへ　　24
　　① Product（製品）
　　② Price（価格）
　　③ Place（場所）
　　④ Promotion（促進）
　　買い手視点の４C
「売らない」マーケティングがあるってほんと？？　　26
　　デ・マーケティング
マーケティングには、プッシュ戦略とプル戦略がある　　28
　　プッシュ戦略
　　プル戦略

◎ユーポート社・ウルトラパスタの４P→４C

◨ もくじ

episode 2
ゆでガエル症候群に陥るな！　31

敵を知るより己から…　環境分析の基本

環境変化を察知して対応することが大事！	37
競合と協業は紙一重	
PEST分析	39
3C分析	40
ファイブフォース分析	42
バリューチェーン分析	44
ボトルネックを探せ！	
SWOT分析	46
TOWS分析	48

　◎ユーポート社のPEST分析
　◎ユーポート社の3C分析
　◎ユーポート社のファイブフォース分析
　◎ユーポート社のSWOT分析

episode 3
あいまいな
ポジショニングが
破たんを招く！
51

人はなぜ、それを買うのか。顧客を知る

商品を買うのではなく、ベネフィットを買う！ 57
　　　製品レベルとメリットを考える
STPパラダイム 60
①セグメンテーション 60
　　　微差で勝つ！製品差別化
②ターゲティング 65
　　　無差別マーケティングから脱出しよう
③ポジショニング 67
マーケティングの進め方 68

　　◎ユーポート社のセグメンテーションの例
　　◎ウルトラ・パスタの差別化戦略例

episode 4
高品質・低価格
を追求するな！
71

新たな価値やライフスタイルの創造

価格―品質連想 76
「価格―品質連想」を利用した価格戦略 80

　　　　　期待−不一致モデルで圧倒的なファンを作る

　　　　　1回当たりの売上より、生涯価値の向上が大事

ブルーオーシャン戦略　　　　　　　　　　　　　　　　85

ホワイトスペース戦略　　　　　　　　　　　　　　　　86

　　　　◎ユーポート社のホワイトスペース戦略

episode 5
○○は価格競争で死ぬ！　　　89
的確な差別化と適切な価格設定

コモディティとは　　　　　　　　　　　　　　　　　　95

　　　　コモディティには手を出すな！

ポーターの3つの基本戦略　　　　　　　　　　　　　　97

　　　　① コスト・リーダーシップ戦略

　　　　② 差異（差別）化戦略

　　　　③ 集中（焦点）戦略

価格設定のキホン　　　　　　　　　　　　　　　　　100

　　　　原価志向型プライシング

　　　　需要志向型プライシング

　　　　新製品の価格戦略

顧客のココロの動きを利用した心理価格戦略　　　　　103

　　　　① 名声価格

　　　　② 端数価格

　　　　③ 段階価格

④ 均一価格
⑤ 慣習価格

◎ユーポート社の価格戦略

episode 6
お客の声は聞くな！
革新的な商品を生み出せ！
109

イノベーション≠技術革新	115
イノベーターのジレンマ	117
持続的イノベーションと破壊的イノベーション	
隠れた顧客のニーズをつかむ方法	120
アンケートには表れない声を探る「ビッグデータ」	
革新的な商品を生み出し続ける会社の秘密	123
自由な社風が遊び心を育てる	
新しいアイデアを生み出す思考法	126
①ブレーンストーミング	
②KJ法	
③ゴードン法	
ラテラル・マーケティング/ラテラル・シンキング	128

◎ウルトラ・パスタのイノベーション例

episode 7
ソーシャルメディアを「宣伝」に使うな！ 131
成功するインターネットプロモーション

バイラル・マーケティングとバズマーケティング 137
 ① バイラル・マーケティング
 ② バズマーケティング

プロシューマーの出現 141
 消費者との協働で生まれた生産・開発体制

プッシュ戦略からプル戦略へ 144
 ① 積極的に売り込むプッシュ戦略
 ② 消費者のニーズに迫るプル戦略

AIDMAからAISASへ 147

 ◎ウルトラ・パスタのAIDMA例

episode 8
Cash Cowは変えるな！ 151
ライバルをぶっちぎる販売戦略

プロダクト・ポートフォリオ・マネジメント（PPM） 156
 ① Stars（花形製品）
 ② Cash cows（金のなる木）
 ③ Wild cats（問題児）

④ Dogs （負け犬）
製品のライフサイクル（PLC） 159
新製品の普及とキャズム理論 162
　　　　キャズムを越えるには
ブランド力を高める4つの要素 164
　　　　① ブランド認知を高める
　　　　② ブランド連想のバリエーションを増やす
　　　　③ 知覚品質を高める
　　　　④ ブランドロイヤルティ

　　　◎ウルトラ・パスタのアーリー・マジョリティ対策

episode 9
自前のプロモーションは捨てろ！
さらに拡げるマーケティング
169

自前主義のデメリット 174
オープンイノベーション 177
　　　　キャラクターを「開放」せよ
コラボプロモーション 179
　　　　① 話題誘発型コラボプロモーション
　　　　② シナジー誘発型コラボプロモーション

　　　◎ユーポート社のコラボの事例

episode 1

マーケティングの基本は「売らない」こと!

ダ ダダダーッ！　ガチャ！　バーンッ！

　綾瀬結衣が凄まじい勢いで、ユーポート社マーケティング企画室に駆け込んできた。大学英文科を卒業したばかりの社会人1年生。偶然、空きが出たマーケティング部門に配属されて、右も左もわからないままに絶賛見習い中である。黙っていると、そこそこ可愛い。
　ただ、いつもはきれいにカールしている自慢の栗色の髪も、今日は、アフロヘアに近い。
　結衣の8年先輩の中村るみ子が、銀ブチメガネ越しに横目でジロリと睨んだが、田辺祐介は、ニコニコして結衣に近づいてきた。田辺は配属5年目、八方美人で人がいい。
「結衣ちゃん、今日も元気イイね〜。で、どうしたの？　そんなに慌てちゃってさ」
「部長、大変です！　これ、アイテム社の新製品です！」
　それは、ユーポート社の競合会社、アイテム社の新製品、「パスタマシーンZ」の宣伝チラシだった。
　マシーンのコンセプトや仕様はユーポート社の製品「ウルトラ・パスタ」にかなり似ているが価格は1割ほど安い。
「ゲェ〜〜〜！」

パスタマシーンZ

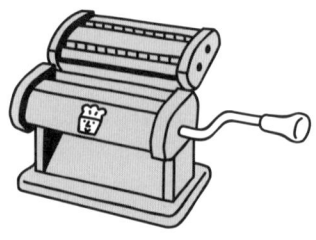

ウルトラ・パスタ

episode 1　マーケティングの基本は「売らない」こと！

　るみ子も立ち上がってチラシをとりあげた。
「アイテム社って、エグいことするのね。
　これを見る限り、ほとんどうちのパクリじゃないの！」
「でしょ〜？　中村さん。ひどいですよねっ。どうしましょう、部長！」
　3人の視線が、部長の山本洋一郎に集中した。結衣やメンバーをいつも見守り、困ったときに助け船を出してくれる、頼れる部長だ。
「よし。中村くんは、アイテム社の製品についてリサーチしてくれ。
　綾瀬くんは、うちの広告の見直しだな。
　田辺は、取引先に、マシーンの評判をそれとなく探りを入れてみてくれ」
　会話が途切れたのを見計らって、山本がそれぞれにテキパキと指示を出していく。

「こうなったら、ジャンジャン、プッシュして売りまくらないと！
　コピーも、ここは強烈にアピールするやつがいいですよね？　部長」
「綾瀬くんの積極的なところは悪くはないんだけど、**売り込めばいいってものでもない**」
「え〜っ、部長、なぜですか？
　だって、マーケティング部って売り込むためにある部署でしょ？
　押して押しまくる。なんだかんだ言っても、これこそ、マーケティングの神髄！　プッシュ、プッシュ！」
　結衣は、相撲のツッパリのように手を交互に突き出した。

「それは、いわゆるセリングのことだな」

「またまたぁー、部長。セリングが〝販売〟のことだってことは、英文科卒じゃなくても常識ですよ。マーケティングだって、結局は売上を上げるためにあるんだから、本質は同じなんですよね？」
「あなた、本当にそう思っているの？　それでマーケティング部の一員だなんて…」
　るみ子は、冷静ながらも嫌味たっぷりな口調で言い放った。
「ま、まあまあ……　結衣ちゃんはまだ配属して日が浅いから……ねー、部長……」
　田辺が、山本にすがるように視線を送る。

SELLING?

SALE?

MARKETING?

「改めて言うのもなんなんだがね。
　セリングとマーケティングを混同している人が多いようだけど、実はまったく別モノなんだよ」
「えー　初耳！　で、どう違うんですか？」
　結衣が、目をパチクリさせた。
「セリングとは、文字通り、商品などを売り込むってことだ。すでに作られたものをどうやって売るか、ということに力を入れるわけだ」

■ episode 1　マーケティングの基本は「売らない」こと！

「じゃあ、マーケティングは？」
「マーケティングは売れるものを作る、さらに言えば、**売れるしくみを作ること**なんだ。
　それには製品開発も含まれるし、価格設定や、どうやって流通させるかとか……、そうそう綾瀬くんがいま担当している広告などのプロモーション活動なんかもそれに含まれるんだよ。4Pと言うんだがね……」
「ヨンピ？　ワンピなら知ってますけど……」
「はあ、まあいいや、これはマーケティング・ミックスの主な要素のことなんだが、またゆっくり話すよ」

　横から田辺が口を出す。
「そうそう、経営学の父と謳われたピーター・ドラッカーは、『マーケティングの理想は、販売を不要にすることである』って言ってるんだ」
「田辺さん、すごーい！　なんでそんなこと知ってるんですか？」
「いや、まあ、たまにはね。あはは」
「ふーん、でも、結局、マーケティングって売れなきゃ意味ないんじゃないですかぁ？」
　部長は真顔でたしなめた。
「いや、世界一のマーケティング学者といわれているフィリップ・コトラーなんかは、〝売り込まないマーケティング〟を提唱しているくらいだから、必ずしも目先の売上だけに囚われてはいけないんだよ」
「えー、よくわかんないです〜、部長！
　マーケティングが売り込まないことだなんて……」

セリングとマーケティングは違う

Episode1 いかがでしたか？

　セリング、マーケティングって言葉じたいあまりよくわかってないのかも

　これから、Episode1で登場したマーケティング知識について解説します。

　まず結衣さんは、セリングとマーケティングを混同していて、ほとんど同じものとみていたようですね。実は、このような人は少なくありません。

　そこで、まず、マーケティングの定義や考え方について整理しておきましょう。

マーケティングって何？

　そもそも、マーケティングとはなんだと思いますか？

episode 1　マーケティングの基本は「売らない」こと！

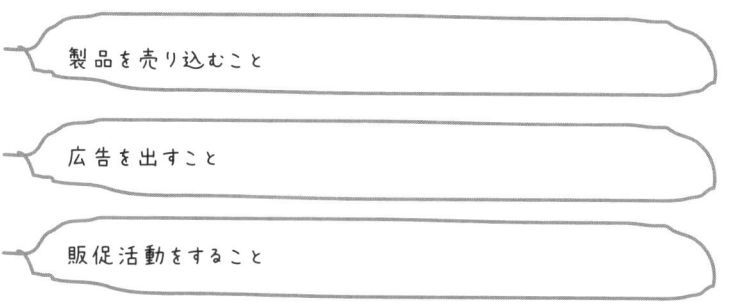

- 製品を売り込むこと
- 広告を出すこと
- 販促活動をすること

　確かに、これらの活動はみなマーケティングに含まれますが、どれかひとつを取り上げてマーケティングということはできません。「マーケティング＝とにかく製品を売り込むこと」というイメージをもつ人が多いようです。しかし、これは「セリング（selling）」でしかありません。しかもマーケティングは、無駄な売り込みの努力を極力減らすことを目的としています。

　マーケティングとは、すごく簡単にいえば、売り手（供給者）が買い手（需要者）との良い関係を保ちながら、買い手が価値を感じるような商品やサービスを安定的に売れるような仕組みを作ることなのです。

マーケティングは「儲ける」ためだけのものじゃない！

マーケティングは、もとは企業などの営利組織を対象とした概念でしたが、フィリップ・コトラーが、これを非営利組織へと広げました。これにより、マーケティングは大きく2つに分けて考えられるようになりました。マネジリアル・マーケティングとソーシャル・マーケティングがそれです。

●マネジリアル・マーケティング

マネジリアル・マーケティングとは、文字通り、経営的な視点から行うマーケティングです。営利追求が主な目的です。この本では、主にこちらを説明していきます。

●ソーシャル・マーケティング

これに対して、ソーシャル・マーケティングは、どちらかと言えば、社会貢献に重きを置いています。

> 社会貢献は…… 売り込まないですよね。

ソーシャル・マーケティングはさらに、「非営利組織のマーケティング」「狭義のソーシャル・マーケティング」「ソサイエタル・マーケティング」の3つに分かれます。

非営利組織のマーケティングとは、病院、学校、教会、役所、政治団体などの非営利組織が行うマーケティングです。

次に、狭義のソーシャル・マーケティングとは、社会的に啓蒙したいこと、たとえば禁煙、DV（家庭内暴力）撲滅、被災地支援などを、マーケティング技術を駆使して普及させることを指します。

そしてソサイエタル・マーケティングは、社会問題の解決を図ることを重視したマーケティングです。もともとマーケティングは、企業と消費者の利益を追求するものでしたが、ソサイエタル・マーケティングは消費者、企業、社会の三者のニーズを同時に満たすことを目的としているのです。

後にこの概念は、CSR（Corporate Social Responsibility：企業の社会的責任）と結びつき、**CSRマーケティング**へと発展していきます。

●CSRマーケティング

特に最近、Episode1にも登場した**フィリップ・コトラー**が提唱した**マーケティング3.0***の考え方をベースとしてCSR重視のマーケティングが注目されています。

企業の最大の目的は、利潤の追求です。しかし利益が上がれば何をしても良いというわけではありません。企業は社会を良くすることで利益を上げるべきという考え方が根底にあるからです。

CSRマーケティングは、現在、マクドナルドやエイボン、アメリカン・エキスプレスなど多くの企業が積極的に取り組んでいます。

また、日本企業では、イオングループが2001年から「幸せの黄色いレシートキャンペーン」を実施しています。購入者がレジで受け取った黄色いレシートを、応援したいボランティア団体等の投函ボックスに入れると、レシート金額の1％に相当する金額の商品が団体に寄贈される仕組みです。このキャンペーンで投函されたレシート金額は、累計（2011年まで）で1668億7500万円となっています。

---

*フィリップ・コトラーが提唱した概念。単なる顧客や企業などの垣根を超えてともに価値を作り出すという価値主導のマーケティング。

> これやったことあります！

CSRマーケティングの事例

企業名	内容
ケンタッキー・フライドチキン	米国ケンタッキー州ルイビルの道路補修費を寄付
マクドナルド	ビックマックなど特定の製品が1個売れるたびに、子供に対するチャリティに1ドルを寄付
アメリカン・エキスプレス	申込手数料と取引額に基づいた金額を、飢餓救済の慈善団体に寄付
三井住友VISAカード	カードの利用代金の一部をユニセフに寄付
エイボン	口紅などのピンクリボン製品の売上の一部をピンクリボン活動団体等に寄付
サーティーワンアイスクリーム	ユニセフ募金に協力した顧客にアイスクリームを1個プレゼント

＊期間終了の事例も含む

■ セリングは、マーケティングと同じ意味？

　結衣さんは、部長の説明を受けても、マーケティングはセリングと同じ意味ととらえていました。確かに重なる部分はありますが、やはり両者をイコールで結ぶことはできません。

　セリングとマーケティングの違いを理解していただくため、マーケティングが登場した背景を少しお話ししましょう。

　マーケティングは、19世紀末の米国で生まれ、20世紀初頭に発展したといわれています。当時、フォード社のフォード・システム＊に代表される大量生産・大量販売が主流になっていました。企

＊ 米国のフォード社が開発した生産手法。自動車の各部品を標準化することで製品を大量生産し、比較的安い価格で消費者に提供できるようにした。

業は画一的な製品を大量に生産して、大量に販売することで、莫大な生産設備や経営資源（ヒト・モノ・カネ・情報など）を維持しようとしたのです。

ところが、1929年の大恐慌＊により、多くの企業が倒産し、失業者が続出しました。ただやみくもに大量生産・大量販売をやっていても、企業は事業を継続できなくなったのです。

そこで企業は、最初から売れるものを作ることと売れる仕組み作りを迫られました。

つまり、「**セリング**（作ったものをいかに売るか）」から「**マーケティング**（最初から売れるものを作る、売れる仕組みを作る）」へとパラダイムの転換（**パラダイムシフト**）が起こったのです。

> パラダイムって何ですか？ かっこいいけどバンドの名前？

パラダイムとは、その時代に正しいと信じられている基本的なものの見方や考え方あるいは思考の枠組み、などのことです。

その昔、天動説が当たり前の時代には、誰もが太陽が地球の周りを回っていると信じていました。そのため、コペルニクスが地動説

＊1929年10月24日のブラックマンデー（株式大暴落）に端を発した世界的な恐慌。以降、約4年にわたって、米国の景気は低迷した。

を唱えたときには、天文学界に衝撃が走りました。この出来事をコペルニクス的転回といいます。

パラダイムシフトは、ビジネスの世界でも起こります。「セリング」から「マーケティング」へのパラダイムシフトは、天動説から地動説への転換というコペルニクス的転回に匹敵するとされています。それまで常識と考えられていたことがガラガラと音を立てて崩れ去り、新たな常識がビジネスに定着していったからです。

■ マーケティング・ミックスは、4Pから4Cへ

> 新常識っていっても、80年前とは状況が変わってますよね…

そうですね。マーケティングの世界も、新しい理論や考え方が次々に生まれています。

たとえば、マーケティングのテキストや参考書を読むと、必ずといって良いほど**マーケティング・ミックス**（marketing mix）という言葉が登場します。確かにマーケティング・ミックスは、マーケティング活動の土台ともいえる重要な概念です。

マーケティング・ミックスは、簡単に言うと**4P**といわれる4つの要素の最適な組み合わせです。

> 4Pなら、聞いたことあります！

4つの要素とは、Product（製品）、Price（価格）、Place（場所、チャネル）、Promotion（促進）です。どれもPで始まる4つの要素ということで4Pと呼ばれているわけです。

それぞれ簡単に説明しておきましょう。

① Product（製品）

「製品」とはモノだけでなく、無形のサービスも含まれます。マーケティングは、製品があってはじめて成り立つものです。どんなに適正な価格をつけ、適切なチャネルを利用し、工夫を凝らしたプロモーションを行っても、製品の質が悪ければ目標の達成は限りなく不可能に近づきます。それだけに製品作りには、多くの力を注ぐ必要があるのです。

② Price（価格）

品質が良くても、価格が高すぎたり反対に安すぎても売上は思うように伸びません。一般には適正価格＝「原価＋利益」と考えられていますが、必ずしも現実的ではありません。需要や競争環境、消費者心理などを踏まえて価格を決めるべきです。

③ Place（場所）

Place（場所）は、店舗の立地、売り場の確保などの場所に関する戦略も当然含みますが、製品が消費者に届くまでのチャネル（流通経路）の選択に関する戦略も含みます。最近では、インターネットが広く普及し、オンラインショップも増えたため、インターネット（Web）もチャネルのひとつとして定着しています。

④ Promotion（促進）

「プロモーション」には、広告や宣伝のほか、人的販売、パブリシティ（マスコミ等による無料の宣伝）、Web活動、口コミ（word of mouth）誘導、あるいはイベントやキャンペーンなども含まれます。

●買い手視点の4C

しかし、4Pは企業、つまり売り手の視点から見たものです。米国の広告学者ロバート・ラウターボーンはこの点を指摘し、<u>買い手の視点に立ったマーケティング・ミックスとして4Cを提唱し</u>ました。

最近の熾烈な顧客獲得競争を背景に、ますます顧客の視点を重視するマーケティングが重視されています。その意味で、4Cの概念はとても重要な考え方と言えます。

4Pから4Cへの転換

4P	4C
Product（製品）	➡ Customer Value（顧客にとっての価値）
Price（価格）	➡ Customer Cost（顧客の負担）
Place（場所）	➡ Convenience（顧客の利便性）
Promotion（販売促進）	➡ Communication（コミュニケーション）

「売らない」マーケティングがあるってほんと？？

山下部長に、マーケティングは必ずしも売り込みばかりではないといわれて、結衣さんは、すっかり混乱してしまいました。

マーケティングを行う最大の目的は、長期的に多くの売上を上げることですが、コトラーは、それを一見根底からくつがえすような考え方を提唱しました。それが、シドニー・レビーとともに提唱した**デ・マーケティング**です。

●デ・マーケティング

デ・マーケティングを直訳すると「非マーケティング」となりま

す。一般的に定着しているマーケティングの考え方とは逆です。

事実、コトラーは、デ・マーケティングを「需要を冷やす」ものととらえています。

> 需要を冷やしてしまったら売れるモンも売れないんじゃないですか?

コトラーは、顧客満足を重視してはいるのですが、だからといって、すべての顧客のニーズに応えるべきという考えはもっていません。

デ・マーケティングとは、ある特定の製品の価格を上げたり、プロモーション費用を意図的に減らしたりして、わざと需要を抑えることなのです。

意外なようですが、このような策をとることで、コトラーは長期的な視点から好影響を見込んでいるのです。

たとえば、新製品が発売された時点で、その新商品を際立たせるために、既存製品のプロモーション活動を抑えることが、総合的に見て有効となる場合があります。また、現時点での売れ行きから判断して、原材料や部品の調達に支障が出そうな場合にも、あえてプロモーション活動を抑える必要が出てくることもあるでしょう。

デ・マーケティングの事例としては、2012年に新製品発売後、売れすぎてわずか3日で販売中止にした赤城乳業のコーンポタージュ味の「ガリガリ君リッチ」などがあげられます。テレビCMなどは打たず、翌春ひっそりと販売を再開しました。

> いくら売れても在庫がなくちゃかえって信用を落としますもんね

また近年、企業はCSRの観点からも、需要を抑える必要に迫られています。
　たとえば、電力会社が電力の安定供給のために、無駄な電力を使いすぎないように顧客に呼びかけたり、適切な消費方法を提案する必要に迫られることがあります。
　消費者金融会社によるCMのように、消費者保護の意味で、あるいは自社の防衛のために、「計画的な借り入れ」を勧めたり、「借りすぎ」に注意するよう呼びかけることなども、その一例といえるでしょう。
　このように、企業は、長期的かつ大局的な視点から、売上を意図的に調整するようなマーケティング（デ・マーケティング）を行なうという判断に合理性を見出すことができるのです。

■マーケティングには、プッシュ戦略とプル戦略がある

●プッシュ戦略

　顧客に製品の良さなどを強調して強く勧める戦略をプッシュ戦略といいます。つまり「押す」戦略です。結衣さんは、しきりに「プッシュする」ことを強調し、それがマーケティングの大部分を占めているような発言をしていましたが、実は、プッシュ戦略はマーケティングの一部にすぎません。

　プッシュ戦略では、販売員などが積極的に製品等の売り込み（推奨）を行い、顧客に購入を促します。不特定顧客へのeメール（オプトアウトメール）の送信、あるいはテレコールやダイレクトメールの送付もこれに当たります。

　知名度が低い新製品の販売や在庫を確実に売りさばきたいときには、この戦略はある程度有効かもしれません。しかし度がすぎると

かえって敬遠されて逆効果となるので要注意です。

> 最近、メールとかで強引な売り込みが多くてイヤになってます

●プル戦略

プッシュ戦略のように「押す」戦略もあれば、反対に「引く」戦略もあります。これはプル戦略と呼ばれています。

プル戦略は、消費者側から「ほしい」と強く思わせるしかけを作り、指名購買に誘導する方法です。プル戦略は、パブリシティやイベントなどを通じて、消費者に自社製品の良いイメージを植えつけ、知名度や好感度を上げることに力を注ぎます。そのイメージ作りが商品のある種のブランド化を招き、大量売上につながることも期待できるのです。

◎ユーポート社・ウルトラパスタの4P→4C

ユーポート社で考えると

4P	4C
Product（製品） ・パスタマシーン ・スチール製（クロームメッキ） ・カッターサイズ3種類 　（1.5mm、4.0mm、6.0mm） ・厚さは7段階に調節可能 ・カラー2種類（ホワイト、シルバー）	**Customer Value（顧客にとっての価値）** ・パスタを自宅で作れる ・自家製（オリジナル）パスタを作れる ・家族でパスタ作りを楽しめる ・手作業より楽に、きれいなパスタができる ・うどんなどにも応用できる
Price（価格） ・3800円 ・キャンペーン等で時期によっては値下げする場合もある。	**Customer Cost（顧客の負担）** ・3800円 ・水洗いができず洗浄に手間がかかる ・マシーンの油や汚れを除去するために、「掃除用」の生地＊が必要である ・送料 ・買い物にかかる時間や交通費 ＊生地：小麦粉等の材料を練ったもの
Place（場所） ・量販店、スーパーマーケット等の調理器具売場 ・オンラインショップ	**Convenience（顧客の利便性）** ・住居からの近さ ・配送システム ・ネット利用のしやすさ
Promotion（販売促進） ・広告（ネット広告等） ・ペイドパブリシティ（料理雑誌等） ・店頭での実演販売やキャンペーン ・料理教室とのタイアップ	**Communication（コミュニケーション）** ・説明書のわかりやすさ ・電話やメール等での問い合わせのしやすさ ・製品サイトの充実度

episode 2

ゆでガエル症候群に陥るな!

「結衣ちゃん、どうしたの？　そんなに眉間にシワ寄せて……」
　田辺が、仏頂面の結衣の顔を恐る恐る覗き込んだ。
「だって、アイテムのやつ、ムカツクったらありゃしない。
　うちにウリ２つのパスタマシーンなんか出しやがって……」
　結衣は、奥歯をかみしめ、呪文を唱えるようにのどの奥から声を絞り出した。
「おいおい。これくらい切り抜けられないでどうする」
　山本が、結衣をたしなめた。
「そうですよね。そうだ、部長！
　アイテム社のネガティブキャンペーン*1なんてどうですか？
　商品レビューで逆ステマ*2をやるんですよ。
　へへッ、妙案でしょ」
「何言ってるのよ。
　そんなことして世間に知れたら、うちの評判を落とすだけでしょ。
　たとえバレなくても得策じゃないわ」
　るみ子が、サッと振り返って鋭く言い放った。
「でも、ほら、『鉄は熱いうちに打て』っていうじゃないですか。こういうのは、早めに叩いとかないと」
「意味不明！　ことわざの勉強し直したほうがいいわね」
「だってー。何かしないと、このままじゃ、アイテムのやつの思うつぼですよ」

＊1 本来、選挙で対立候補のマイナスになるような情報を流して、自分のイメージ向上を図る手法のこと。転じて、企業が競合会社の商品のマイナス面を宣伝して、評判を落とそうとすることを指すこともある。

＊2 ステルスマーケティングの略。ステルスマーケティングとは、掲示板や通販サイトのレビューで第三者を装って自社製品やサービスをほめて宣伝をすること。製品のネガティブな情報を流す場合は、「逆ステマ」「ネガティブステマ」などと呼ばれる。

■ episode 2　ゆでガエル症候群に陥るな！

「綾瀬は、アイテムを目の敵にしているようだが、競合はアイテムだけじゃないぞ」
　山本が、コーヒー片手に身を乗り出すようにして割って入った。
「えー？　どこか、類似品を出すって情報でもあるんですか？」
　田辺が驚いたように山本のほうを振り返った。
「何言ってるの。
　部長は、**同業の競合以外にも気をつける相手がいる**ってことを言われてるのよ。
　綾瀬さんは仕方ないとしてもナベくんまで、何言ってるのよ」
　るみ子は、田辺をキッとにらんだ。
「中村くんの言うとおりだ。
　どうしても同業者に目が行きがちだが、**他業界に追い込まれることだってある**んだよ」

「へぇー。たとえば？」
「2003年に破たんした長崎のハウステンボスなんかもそうだね。ハウステンボスは、もともと日本にいながらにしてオランダの雰囲気を楽しめるところに良さがあった。
　確かにオランダの美しい街並みが再現されていたから、国内で現地さながらの雰囲気が楽しめるというウリがあった。
　しかし、その後、格安航空券を積極的に販売する業者が伸びてきた。しかも為替が円高に推移したことも手伝って、航空券の値段がどんどん安くなっていったんだ。
　そうすると、たとえば関東や東北の人たちは、長崎への旅行代に少し上乗せすれば、本物のオランダに行けるようになってきたんだ」

「そうか。テーマパークのライバルというと、ユニバーサルスタジオとかディズニーランドなんかを思い浮かべますけど、実は、旅行会社がライバルだったというわけですね」
　田辺が、ひらめいたように言った。
「そうなんだ。また、こういう例もある。
　2006年にアメリカのタワーレコードが倒産して、2010年にはやはりアメリカのビデオレンタル大手のブロックバスターが倒産した。それから3年後の2013年、今度はイギリスのHMVが倒産に追い込まれたんだ。
　その理由は、アップルのiTunesなどの音楽配信サービスの台頭にあるといわれている」
「音楽配信サービスだったら、同業者みたいなもんでしょ？
　なんで気がつけなかったんですか？」
「そこが、ゆでガエル症候群の怖さですね」
　田辺が、腕組みをしながらつぶやいた。

「へぇー、田辺さん、難しい言葉知ってますねー。
　で、そのゆでガエル症候群ってなんですか？」
　結衣が悪戯っぽい目で見上げた。
「**環境が少しずつ変わっていくので、気づかないうちに取り返しのつかない状態になっている**ことを言うのよね」
「そっ、るみさんの言う通り。
　環境が急激に変わる場合はすぐに気づいて対処できるんだが、徐々に変化する場合は、気づきにくいんだ」
「それが、カエルと何の関係があるんですか？」
　結衣は、不思議そうに首をかしげながら田辺に尋ねた。

episode 2　ゆでガエル症候群に陥るな！

「あ、いや、カエルって、熱湯に入れたら、すぐに飛び出すんだけど、水の中に入れて徐々に水を温めていくと、熱湯になるまで気づかず、死んでしまうといわれている。科学的な根拠はないらしいけどね」
「そうなんですかぁ？
　じゃあ、こうしている間にも、環境がちょっとずつ悪いほうに変わってるんですね。
　えー、どうしよう！！　部長、早くなんとかしないと！　何から始めたらいいですか？」
「いや、悪いほうに変わっているとは限らないが…。
　どちらにしても環境分析は必要だな。
　まずは、基本のPEST分析や3C分析から始めようか。
　それからSWOT分析も必要だよな……」

敵を知るより己から… 環境分析の基本

（イラスト：小森屋「ラーメン650円」の店主「隣にまぎらわしい店ができたから売上がガタ落ちだ!!」／大盛軒「ラーメン600円」を見る男性「それだけじゃないと思う…」）

　Episode2 いかがでしたか？

　結衣さんは、同業の競合であるアイテム社のことが気になってしかたないようです。

　もちろん、同業者の動向は常に監視する必要があります。しかし、最近は、それだけでは不十分です。まずは、自社が置かれている環境をきちんと分析して、対応策を講じなくてはなりません。そこで、マーケターとして配慮すべき業界内の力関係や環境分析について整理しておきましょう。

> カエルが釜ゆでになっててかわいそう……

　ゆでガエルのエピソードは、田辺くんの言うように、科学的根拠はありません。この話は、グレゴリー・ベイトソン＊という英国生

＊グレゴリー・ベイトソン（Gregory Bateson,1904 ～ 1980）：英国生まれの思想家、生物学、人類学者。

まれの思想家が作った寓話で、ミネソタ大学やミシガン大学の教授が著作で引用したといわれています。日本では、『組織論[*1]』などでこの寓話が紹介されています。

環境変化を察知して対応することが大事！

　日本人の消費は、時代とともに変化してきました。

　戦後、高度成長期の日本人は、可処分所得（税引後の自由に使える所得）が少なかったため、給料やボーナスは、ほとんど自動的に洗濯機、冷蔵庫、カラーテレビといった家電製品の購入に充てられていました。

　しかし現代は、「選択的消費の時代」といわれるように、人によって所得の使い方が異なってきました。

　たとえば20万円が手に入った場合、パソコンを買う人もいれば、オーディオ機器を買う人もいる。あるいは旅行に行く人もいるという具合です。

　すると、それまで**コンペティター（Competitor：ライバル）**の関係になかった製品やサービス同士でも競合関係になるケースが出てきました。

　たとえば、飲食大手のワタミ創業者の渡邉美樹氏は、「ワタミの最大のライバルは、携帯電話[*2]」と述べています。携帯電話の通話料が増えると、飲みに出かける回数が減るというわけです。カラオケと携帯電話にも同じような関係があるという見方もあります。

> たしかに、最近はリアルで会わなくても十分かも

[*1] 桑田耕太郎・田尾雅夫（1998）『組織論』有斐閣。
[*2] 日経ビジネスONLINE、2012年2月13日

このように、競合他社の範囲の定め方は、マーケティング戦略に大きく影響します。

たとえば、通常、ビールメーカーなら競合他社は同じビールメーカーですが、アルコール市場という枠組みでとらえれば、焼酎や日本酒メーカーも含まれます。飲料市場と考えれば、ソフトドリンクも含まれることになります。

●競合と協業は紙一重

逆にそれまでCompetitorの関係に見えたのが、実は**コンプリメンター（Complementor**：協業者、共生相手）＊だったというケースもあります。

たとえば映画会社とビデオ会社の関係です。従来、映画会社はビデオ会社を牽制していました。ビデオは安価でレンタルできるため、ビデオが売れると、その分映画館への動員数が減ると思われていたのです。

しかし、実際には忙しくて映画館に足を運べなかった人がビデオを買ったり借りたりするケースも少なからずあります。つまり、ビデオは映画をより多くの人に拡げるという映画会社を補完する役割を果たしていたのです。ビデオ会社は映画というコンテンツで商売ができますし、映画会社はビデオ会社から著作権料等を受け取ることができるので、映画館以外からの収入も入ることになります。

つまり、映画会社とビデオ会社は意外にもコンペティターではなくコンプリメンターだったのです。

＊自社と補完関係にある業者等を指す。マイケル・ポーターが提唱したファイブフォース分析の「5つの力関係」の次に続く「6番目の力関係（The Sixth Force）」として、アダム・ブランデンバーガーが提唱した。

PEST分析

外部環境には、マクロ環境とミクロ環境があります。

マクロ環境とは、個別企業の力では操作できない要因です。政治的要因、経済的要因、社会的要因、技術的要因、人口統計学的要因、自然的要因がこれに含まれます。

一方、ミクロ環境は、企業側からの働きかけで操作できる要因です。顧客、原材料等の供給業者、チャネルメンバー、広告会社などが含まれます。

自社のマーケティング活動に与えている影響を探るには、マクロ・ミクロの両方の環境分析が必要です。

マクロ環境の分析には、PEST分析がよく用いられます。

PESTは、マクロ環境のなかでも政治的要因（Political Factors）、経済的要因（Economical Factors）、社会的要因（Social Factors）、技術的要因（Technological Factors）の4つの要因の頭文字を組み合わせた言葉です。

PEST分析

P 政治的要因
政治動向の影響を受ける要因

E 経済的要因
経済情勢に左右される要因

S 社会的要因
世の中の価値観、仕組み、動向などの変化に関する要因

T 技術的要因
技術動向によって変化する要因

企業

政治的要因とは、政治動向の影響を受ける要因です。業界に対する規制強化や規制緩和（deregulation）などが含まれます。

　経済的要因とは、国内総生産（GDP）などの経済情勢に左右される要因です。GDPが変化すれば、国民の所得や購買力も変化します。政策金利[*1]や為替の動向なども考慮しなければなりません。

　社会的要因とは、世の中の価値観、仕組み、動向などの変化に関する要因です。たとえば高齢化やスーパー撤退により「買い物難民」が増えれば、宅配サービスを行うスーパーが増えることがあります。

　技術的要因とは、技術動向によって変化する要因です。スマートフォンやソーシャルメディアの普及などが一例です。物流業界などでは、ICタグ[*2]の発展も見逃せません。

3C分析

　一方、ミクロ分析には３Ｃ分析がよく使われます。

　3C分析は、自社や事業部などが置かれた環境を分析して、課題を洗い出し、KSF（Key Success Factor：成功要因）を見つけ出して、戦略を策定する手法です。

　3Cとは、カスタマー（customer: 顧客）、コンペティター（competitor: 競合）、カンパニー（company）の頭文字を示しています。マーケティング活動は、企業同士の戦いに相当します。

＊1 各国の中央銀行（日本の場合は日本銀行）が景気を刺激したり過熱感を抑えたりするために操作する金利。

＊2 １ミリ以下のゴマ粒ほどのICチップを搭載したタグ（荷札）。正式にはRFID（Radio Frequency Identification）という。超小型なため、商品に簡単に装着できる。ICタグに保存した情報を搭載したアンテナを通じて管理システム等と相互通信でき、流通の効率化に大きく寄与することが期待されている。

episode 2　ゆでガエル症候群に陥るな！

3C分析

自社
Company
・シェア
・ブランドイメージ
・技術力／販売力
・経営資源

競合
Competitor
・寡占度
・参入難易度
・価格競争
・強さ・弱さ

マーケティング
3C

市場・顧客
Customer
・規模・成長性
・セグメント
・ニーズ
・構造変化

> 戦いか―　課題と成功要因を洗い出して布陣＊を敷くんですね

　3C分析には、戦場（市場や顧客）をしっかり分析して「敵を知り、己を知れば百戦危うからず」という孫子の兵法的な発想が根底にあります。

＊戦いの陣、かまえ

ファイブフォース分析

ファイブフォース分析*は、企業の競争要因に関する分析です。5つの観点から分析を行い、自社と自社製品の置かれた状況を明らかにして業界構造を知ることを目的としています。

業界には、新規参入企業の脅威、代替品・サービスの脅威、売り手の交渉力、買い手の交渉力、現存の競合企業間との敵対関係、という5つの力関係が存在します。

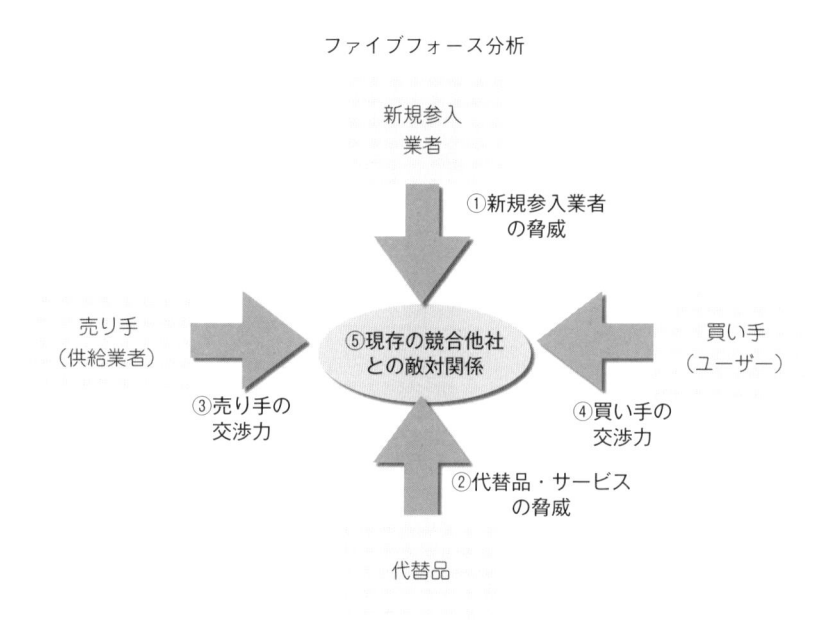

ファイブフォース分析

- 新規参入業者
- ①新規参入業者の脅威
- 売り手（供給業者）
- ③売り手の交渉力
- ⑤現存の競合他社との敵対関係
- 買い手（ユーザー）
- ④買い手の交渉力
- ②代替品・サービスの脅威
- 代替品

①新規参入企業としては、異業種企業、国内外の企業など、あらゆる企業が考えられます。新規参入の脅威の大きさは、参入障壁の高さで決定されます。

---

*マイケル・ポーターが提唱。

②**代替品や代替サービス**の脅威も考慮しなければなりません。

携帯型ステレオカセットプレーヤーは、携帯型 MD プレーヤーとなり、さらに携帯型デジタル音楽プレーヤー（iPod など）へと移り変わっています。このように顧客のニーズを満たす別の製品は既存の商品の脅威となるわけです。特に顧客にとって代替品のコストパフォーマンスが良い場合などは、その脅威が大きいと言えます。

③**売り手の交渉力**の「売り手」とは、原材料や製品を仕入れる相手です。

売り手が少ない場合や少数に集中している場合は、売り手の交渉力は強くなります。反対に売り手が多ければ、売り手の交渉力は弱くなります。また自社が売り手の得意先であれば、売り手の交渉力は弱まると考えられます。

④**買い手の交渉力**における「買い手」とは、サービスや商品を購入してくれる相手を指します。

買い手が少なく集中していれば、買い手の交渉力が強くなります。また自社製品が差別化されている場合は、買い手の交渉力は弱まると考えられます。

⑤**現存の競合企業**との敵対関係も考慮しなければなりません。

航空業界を例にとれば、スカイマークや海外の LCC（ローコストキャリア）などの格安航空便が参入したとき、既存の航空会社は脅威に感じました。そこで各社は「早割（早めに予約した顧客への割引）」や「特割（指定便のみの割引」など割引運賃の企画を打ち出しました。

バリューチェーン分析

自社の内外の環境分析ができたら、今度は自社製品やサービスが顧客の手に渡るまでの分析を行います。そのような手法としてはバリューチェーン分析がよく知られています。

バリューチェーン（value chain：価値連鎖）のバリューとは、顧客が商品等を通じて得られる価値です。チェーンとは、自社商品やサービスが顧客の手に渡るまでの活動の流れです。顧客にとっての価値を生む活動の流れを、ひとつのチェーン（鎖）に見立てて、このように表現しているわけです。

バリューチェーン分析における事業活動には、次のようなものが考えられます。

バリューチェーン

支援活動	全般管理（インフラストラクチャ）					マージン
	人事・労務管理					
	技術開発					
	調達活動					
主活動	購買物流	製造	出荷物流	販売マーケティング	サービス	

マイケル・ポーター（1985）『競争優位の戦略』ダイヤモンド社より作成

これらの事業活動は、価値を生み出す機能（ファンクション）と呼ばれています。ファンクションをチェックし、チェーン全体を見直して、**価値の創出**に貢献しているファンクションはどれか。逆に**ボトルネック（足かせ）**となっているのはどのファンクションかといった改善点をチェックします。それらに対応することでバリュー

episode 2　ゆでガエル症候群に陥るな！

チェーン全体の価値創出機能が高まるのです。

●ボトルネックを探せ！

　個々の事業活動（ファンクション）は、一見、うまくいっているようでも、実はボトルネックとなっていることがあります。

　たとえば、アフターサービスを例にとって考えてみると、プロモーションに力を入れても、アフターサービスは低下させるというケースがあります。不況時などにはできるだけコストを下げようという意識が働くからです。

　しかし、プロモーションだけに力を入れても、アフターサービスがおろそかであれば、顧客は購入を躊躇するかもしれません。逆に製品の質が良くアフターサービスが充実していれば、徐々に良い評判が広がっていきます。そうすれば、プロモーションにそれほどコストをかけなくても、購買の拡大につながることがあります。

　そうなれば、**CPO**（Cost Per Order）つまり1件の注文に対して必要なコストを下げることにつながり、サービスの質は落とさずにコストの削減ができる可能性もあるわけです。

　このようにバリューチェーンを見直すと、日ごろ気づかないボトルネック（障害）が見つかることも少なくありません。そのボトルネックの改善がチェーン全体をよりクリエイティブなものにし、顧客にとってのバリューを高めていくのです。

■SWOT分析

　自社が置かれている環境を分析することがマーケティングの第一歩です。分析することで、問題点や改善点はもちろん、伸ばしていくべき強みも抽出できます。

　SWOT（スウォット）分析は、3C分析と並んで、マーケティングの環境分析の代表格です。

　SWOTとは、強み（S）、弱み（W）、機会（O）、脅威（T）のそれぞれの頭文字に由来しています。

　SWOT分析では、下図のような枠を作り、上段には内部環境、下段には外部環境を記入します。その際、内部環境を強み（Strength）と弱み（Weakness）に区分します。外部環境は機会（Opportunity）と脅威（Threat）に区分します。

SWOT分析

	強み **S**trength	弱み **W**eakness
内部環境	内部（自社）の強みは何か？	内部（自社）の弱みは何か？
外部環境	機会 **O**pportunity 外部（市場等）に対して自社の強みを発揮できる機会を何に求めるか？	脅威 **T**hreat 外部（市場等）に対する自社の脅威は何か？

SWOT分析は、これら4つを選定することから始まります。

たとえば、日本の高級レストランの場合、次のようなSWOT分析が考えられます。

■内部環境
S（強み）
・常に新メニュー開発を行っている
・老舗高級レストランとして有名
・腕の良いシェフがそろっている

W（弱み）
・従業員の入れ替わりが激しく、教育がいき届いていない
・シェフが高齢化しているのに後継者が育っていない

■外部環境
O（機会）
・最近、外食にお金をかける人が増えている
・円高で、海外から食材を安く仕入れられるようになった

T（脅威）
・同じようなコンセプトの店舗が出始めている
・少し離れた場所にショッピングセンターができるので、人の流れが減る

以上のように、自社の強みや弱みを客観的に見直して、改善するところや注力するところを見極めることが可能です。

TOWS分析

SWOT分析は、よく知られた手法です。しかし、コトラーは、「SWOTはTOWSとすべきである」と述べ、この手法に対する改善策を提示しています。

S→W→O→Tの順番だと、どうしても内部環境を優先して、外部環境の検討は後回しとなる印象が拭えず、結果的に内部環境を基点として外部環境を検討することになってしまい、視野に入れるべき外部環境が軽視される可能性が高まるからです。

TOWSの視点で行うTOWSマトリクスもあります。自社の弱みと脅威を最小化し、機会を得たときに自社の強みをどう活かすかを念頭においた分析です。

S-Oは強みと機会 W-Oは弱みと機会、S-Tは強みと脅威、W-T弱みと脅威を示します。TOWSマトリクスでは、これら4つの状況に対応するソリューションを検討します。

TOWSマトリクス

	S 内部的な強み	**W** 内部的な弱み
O 外部的な機会	**SO** SOに基づいて、自社の強みを活かして機会を拡大・持続する戦略を考える。	**WO** WOに基づいて、弱みを補完して機会をつかむ戦略を考える。
T 外部的な脅威	**ST** STに基づいて、自社の強みを活かして脅威に対処する戦略を考える。	**WT** WTに基づいて、自社の弱みと脅威を最小化する戦略を考える。

episode 2　ゆでガエル症候群に陥るな！

◎ユーポート社のPEST分析

P　政治的要因
・消費税等の引き上げ
・デフレ対策が功を奏し始めた
・TPP（環太平洋パートナーシップ協定）への参加が決定

E　経済的要因
・景気回復の兆しにより、消費者の消費意欲が回復しつつある
・円安傾向の定着

S　社会的要因
・日本でイタリア料理が普及し、パスタに興味を持つ人が増えた
・本物志向により本格的なパスタを自分で作って食べてみたい人が増えた
・健康的な視点から野菜を練りこんだパスタに興味を持つ人が増えた

T　技術的要因
・パスタマシーンは、オンラインショップを通じて流通することが多い
・近年、スマートフォンやタブレット端末の普及により、気軽に注文する人が増えた

◎ユーポート社の3C分析

自社　Company
・中小の家電メーカー
・大手メーカーほどではないが、一定の知名度はある
・従来は高価だった製品を、機能の絞り込みなどにより低価格で提供
・パスタマシーンについては、国内シェア10％

競合　Competitor
・中堅家電メーカーのアイテム社他、国内同業他社
・海外メーカー（特にイタリアメーカー）

市場・顧客　Customer
・家庭用パスタマシーンとしてのニーズがほとんど
・購入者は、主婦、OLが中心。最近は中高年男性も徐々に増加
・「適度な機能・家庭用・低価格」セグメントに位置する
・家庭でパスタ作りを楽しむ人の増大傾向あり

ユーポート社で考えると

ユーポート社で考えると

◎ユーポート社のファイブフォース分析

①新規参入業者の脅威 【低】
・低価格の家庭用パスタマシーンの新規参入はそれほど多くない

③売り手の交渉力 【低】
製品原料は、スチール、プラスチック等だが、現在、特に入手困難ではない

④買い手の交渉力 【中】
健康志向、本物志向の顧客が中心

⑤現在の競合他社との敵対関係 【厳】
・アイテム社等の国内メーカー、イタリアのメーカーが主流
・最近では安価な中国製も

②代替品・サービスの脅威 【やや高】
・カッター幅の種類を増やしたパスタマシーンが登場している
・顧客のオーダーメイドパスタを提供するレストランが登場している

◎ユーポート社のSWOT分析

内部環境

強み S
・低価格モデルを提供する企業としては、一定の知名度がある
・衰退気味の大手メーカーから優れた技術者を積極的に受け入れている
・自由度が高い社風で、技術者のモチベーションが高い

弱み W
・低価格を維持するため、厳しいコスト管理を求められている
・今後の成長を見越した先行投資が膨らんでいる
・大手メーカーの製品と比較するとブランド力で劣る部分もある

外部環境

機会 O
・国内景気が回復に向かっているため、消費者の消費意欲が向上している
・パスタ、うどん、パンなどを自分で手作りしたいという人が増えている
・円安が進み、海外の需要が徐々に増えている。また、海外製品の価格が上昇傾向にある

脅威 T
・大手メーカーが次々に新製品を出す兆候がみられる
・イタリアメーカーが本物志向の顧客向けのキャンペーンを始め人気を博している
・中国・韓国等の低価格製品が国内市場に参入している

episode 3

あいまいな
ポジショニングが
破たんを招く！

「よし、会議、始めるぞ。まず、中村くん、まず SWOT を中心とした環境分析の結果を聞かせてくれるかな」

山本の合図でマーケティング部の会議が始まった。環境分析の結果をもとに、今後の方針を決めていくのである。

「はい。まずは、当社とアイテム社の製品に関する分析の結果をご報告いたします。

当社のパスタマシーン、ウルトラ・パスタは、仕様、性能、価格ともにアイテム社の製品とほとんど差がないことが判明しました」

「なーんだ」

結衣は、がっかりした表情を浮かべた。

「ただし、ウルトラ・パスタを使用している消費者 1,000 名を対象にネット調査を行ったところ、デザイン性ではアイテム社の製品より洗練されていると感じているとの結果が出ています。また…」

「デザインは、勝ってるんですね。よし！」

結衣は、ガッツポーズをとった。

るみ子は、結衣を冷ややかに見たが、そのまま続けた。

「また、当社の顧客層は、若干、年齢、収入、可処分所得のいずれも上であることがわかりました」

「そうか、うちのマシーンの顧客層のほうが、セレブってことか」

田辺が笑顔で言った。

「平均すればね。もちろん、アイテム社と同じくらいの所得層も含まれているんだけど」

るみ子が、資料を確認しながら答えた。

「バンッ！！」

結衣が大きな音で机を叩いて立ち上がった。

episode 3　あいまいなポジショニングが破たんを招く！

「ということは、お金もちにもビンボーな人にもウケる製品にすればいいんですよ。うん、それしかない！」
「お、結衣ちゃん、なかなかスルどいねー。幅広い層を取り込もうってことだね」
　田辺が便乗した。

「そうかな。『二兎を追うもの一兎をも得ず』というように、**あれもこれもと欲張っていると、結局、顧客を取り逃がしてしまうこともあるんだよ**」
　山本が、割って入った。
「そうなんですか？　『大は小を兼ねる』っていうから、てっきり幅広く狙ったほうがいいと思ったんですけど……」
「少なくとも、マーケティングでは、その考えは当たらないな。
　たとえば、アメリカの老舗自動車会社のフォードは、1950年代に〝エドセル〟というブランドを投入した。当時、フォードは、大衆向けブランドの〝フォード〟と高級ブランドの〝リンカーン〟というブランドを擁していて、その中間ブランドという位置づけだった。しかし、結局、〝エドセル〟は、歴史的な失敗例として語り継

がれることになったんだ」
「どうしてですか？　大衆向けと高級車の間が空いてたんですよね？　そこを埋めれば、カンペキじゃないですか」
　結衣は、納得がいかないようだ。
「あいまいだからいけなかったんですね」
　田辺が腕組みをしながらつぶやいた。
「あいまい、ですか？」
　結衣が不思議そうに尋ねた。
「そう、あいまいだったんだ。〝フォード〟は、デザインは月並みだが、価格が手ごろというポジショニング、〝リンカーン〟は価格は高いが高級というポジショニング。しかし、〝エドセル〟は、価格はまあまあで、製品イメージも中途半端だった。結局、**ポジショニングがあいまいだった**んだよ」

リンカーン

エドセル

フォード

■ episode 3　あいまいなポジショニングが破たんを招く！

「顧客もその商品の**ベネフィット** *1 がいまいち見当たらなかったんでしょうね」
　るみ子が続けた。
「ベネフィット？」
「そう、ベネフィットだ。
　たとえば、自動車を使うことで、人は、自分が好きな時に好きなところへ素早く移動する、というベネフィットを受け取ることになる。しかし、そればかりではない。高級車に乗ってリッチな気分を味わう、人に自慢できるという衒示*2 的なベネフィットを受け取ることもある。しかし〝エドセル〟は、外観のデザインの評判も良くなかったらしい」
「そうなんですか……　ポジショニングをはっきりさせないといけないんですね。といってもなぁ……」

「ひとつ、成功例を紹介しよう。トヨタの〝レクサス〟だ。
　トヨタは〝レクサス〟を、『アメリカの高級車として売り出す』という戦略で開発したんだ。当時、アメリカにはベンツやBMWなどの高級車がひしめいていた。そこで、トヨタはシェアを獲得するために、まず品質にこだわった。
　そして市場調査の結果、アメリカでは、トヨタブランドは高級感に対するイメージが弱かったので、トヨタ色を出さないように、〝レクサス〟という高級ブランドを新たに立ち上げることにしたんだ」
「なるほど！わかりました！」
　結衣は、何かひらめいたような表情で大きくうなづいた。

＊1 製品が買い手にもたらすメリット。57・58ページ参照
＊2 見せびらかすこと

人はなぜ、それを買うのか。顧客を知る

25歳 女子
月収手取り20万円
大分県出身
酒は飲まない
杉並区在住
カレシは今ナシ
カフェラテ380円の価格の妥当性は？
スマホ 月1万5000円

Episode3 いかがでしたか？

結衣さんは、欲張って、幅広い顧客層を取り込む提案をしました。ターゲットを拡げるほど商品が売れると思う人が多いかもしれませんが、現在のマーケティングでは、逆に顧客層の絞り込みを以前よりも増して重視するようになっています。

> どうしてですか？ お金があろうとなかろうと、同じ人間なのに！

そうですね。人類学的にはみな同じ「人間」です。では、そもそも、人はなぜ、商品やサービスを購入するのでしょうか？

> なぜって…… 考えたことがなかったです。

ここでは、まず、この「素朴な疑問」について考えてみましょう。

商品を買うのではなく、ベネフィットを買う！

　人が製品やサービスを購入するときには、主に次の３つについて検討します。

　まずは、購入を検討している製品やサービスの**品質と特徴**です。品質は高いに越したことはありません。それから特徴がはっきりしているものが好まれる傾向が強いです。

　次に**サービス・ミックスとサービス品質**を検討します。

　ここで言うサービス・ミックスとは、簡単に言うとサービスの組み合わせです。商品購入に関するサービス・ミックスであれば、注文方法、支払方法、受け渡し方法などが含まれます。あるいは、購入後のサービスの組み合わせも考えられます。たとえば、家電製品を買うと、無料で取りつけてくれたり、１年間は無償で修理してくれるなどがこれに当たります。パソコンを買うと、３か月間のパソコン教室受講券がもらえるなどという場合もあるでしょう。

　そして、３つめは**価格の妥当性**です。買い手は、特徴、品質、サービス・ミックスなどと価格が釣り合っているかどうかを吟味して、購入するかどうかを決定することになります。

●製品レベルとメリットを考える

　マーケターは、製品を提供する際にこうした要素を念頭においてマーケティング戦略を立てなくてはなりません。そのときに参考にすべきが製品レベル（59ページ参照）です。製品レベルとは、製品の質や顧客にとってのベネフィットの水準を示したものです。

　ベネフィット（benefit）とは、「利益」「恩恵」などの意味です。つまりその製品やサービスが買い手にもたらすメリットを指します。

　マーケティングの大家、セオドア・レビットは、ドリルを買う人は、

ドリルではなくドリルで開けた「穴」を求めていると述べています。

　この考え方に基づけば、ホテルの利用者は、ホテルの部屋ではなく「休憩と睡眠」を買い、掃除機の利用者は、床やカーペットの清潔さを買っていることになるわけです。

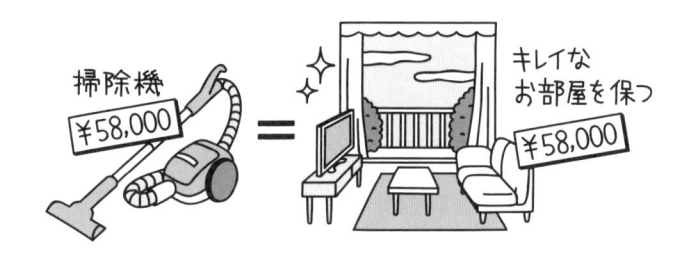

　このように、その製品を購入すれば一応得られるベネフィットは、**中核ベネフィット**といいます。中核ベネフィットを起点にして、製品は4つのレベルに分かれます。
　中核ベネフィットの次のレベルが基本製品です。これは、中核ベネフィットを実現するための具体的な製品です。ホテルの場合は、たとえばベッドやバスルーム、タオルなど、休憩や睡眠という中核

episode 3　あいまいなポジショニングが破たんを招く!

ベネフィットを得るために最低限必要な製品です。

　その次のレベルは期待製品で、これはサービスを購入すれば一通りはついていると期待される製品です。ホテルによって異なりますが、シャンプー、石鹸、歯ブラシなどは、設置されていることが多いので、期待製品に含まれるといっても良いでしょう。

　また膨張製品は、顧客の期待の上をいくものです。ホテルなら、高級ベッドが設置されていたり、コーヒーなどのフリードリンク、あるいはアメニティグッズ(宿泊客用に小分けにされたシャンプー・歯ブラシ・化粧品等)が高級な場合などは、膨張製品に含まれます。

　潜在製品とは、顧客の潜在的なニーズを取り込んだ製品です。たとえば、カラオケボックスで、一部の部屋を会議室や商談、楽器の練習などにも使えるように仕様変更することなどが考えられます。そして潜在製品は、将来の顧客ニーズやベネフィットを先取りした製品です。

製品レベル

（同心円図：中核ベネフィット／基本製品／期待製品／膨張製品／潜在製品）

フィリップ・コトラー（2002）『コトラーのマーケティング・マネジメント』
ピアソン・エデュケーション（月谷真紀訳）p.227

　Episode3 に登場したトヨタの〝レクサス〟の場合、「アメリカの高級車」として売り出すのが命題でした。この場合、買い手が得る

ベネフィットとしては、洗練されたデザインによる満足感や操作性も含めた乗り心地の良さ、燃費の良さなどが考えられます。

実際に、レクサスの開発時には、最高速度、時速250キロメートル、燃費1リットル当たり10キロメートルなど、当時としては無謀ともいえる条件を設定して、専門チームが開発に臨んだといわれています。しかも試作車は約450台、走行テスト350万キロメートル超という過程を経て初代レクサスは誕生したのです。

STPパラダイム

製品・サービスを購入するのは、その裏にベネフィットへの期待があることは、すでにお話ししたとおりです。マーケティング活動もこの考え方をベースにして進める必要があります。

> といわれても、どうすれば反映できるんだか…

そこで、コトラーの考え方を紹介しておきましょう。

コトラーは、マーケティングの進め方について独特の考え方をもっています。コトラーは、**セグメンテーション、ターゲティング、ポジショニング**の順で進める必要があると説いています。

この考え方は、それぞれの頭文字をとってSTPパラダイムと呼ばれています。STPの順番に説明していきましょう。

①セグメンテーション

セグメンテーション戦略（market segmentation strategy）とは、日本語で**市場細分化**戦略といいます。これは、市場を地域・性別・年齢・所得・生活慣習・文化・趣味等の「軸（基準となるもの）」によっ

て区分し、その区分した市場（細分市場）のニーズに自社製品を適合させる戦略です。

たとえば、次のようなセグメンテーションが考えられます。

● 地域を軸としたセグメンテーション

　九州ではとんこつラーメン、北海道では、味噌バターラーメンを重点的に売り出す。

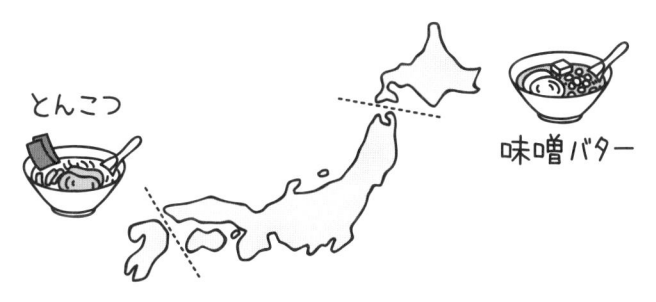

● 年齢を軸としたセグメンテーション

　10〜20代にはオイルフリーの基礎化粧品を提供する。50代以上には、コラーゲン、ヒアルロン酸などが入った肌にたっぷりと潤いを与える基礎化粧品を提供する。

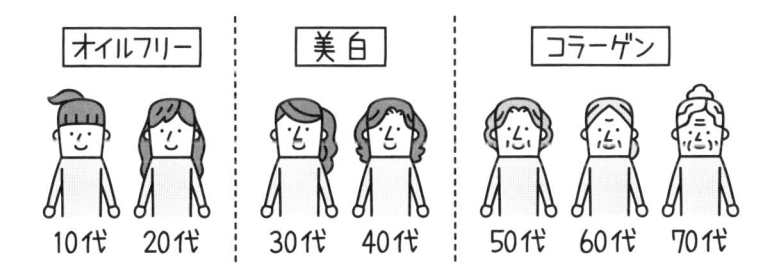

消費者のニーズは、年々多様化しています。そのため、万人受けする製品より、このように顧客ニーズに製品を合わせたほうが、効率が良い場合も少なくありません。

●微差で勝つ！製品差別化

　細分化したら、次に**製品差別化**戦略（product differentiation strategy）が考えられます。

　これは、企業がライバル製品に対して、自社製品の優位性や特長を消費者に識別させることを目的とした戦略です。デザイン・色彩・スタイル・包装・ブランドなど、主に副次的使用価値＊を強調して消費者のニーズに合っているとアピールします。

　差別化は、主に次の3つに分けられます。
① 機能的差別化（functional differentiation）
　　ちょっとした機能をつけて消費者を引きつけようとするもの。
　　　→例：音声入力機能がついたスマートフォン
② 外観的差別化（ostensible differentiation）
　　デザイン、色彩、スタイル等の表面的な差異を強調するもの。
　　　→例：外観がカッコイイ車
③ 心理的差別化（psychological differentiation）
　　ブランド・イメージや流行性など消費者の心理的感受性を刺激するもの。→例：Berberryのマーク入りのセーター

> どれもこれもと、差別化しすぎると、妙なことになりそう…

　そうですね。セグメンテーションを行わずに、ただ競合製品との差別化だけを目的とすると失敗しがちです。

　本来的使用価値がほとんど失われてしまった製品もあります。たとえば、おみやげ物の大きな鉛筆や実物の車を使ったベッドなどで、

＊デザイン、色彩、スタイル、包装、ブランド、流行性など製品本来の機能以外の価値のこと⇔本来的使用価値

こういったものを**キッチュ**（Kisch：ドイツ語で「まがいもの、異様なもの」という意味）といいます。また最近では本来的使用価値と副次的使用価値の峻別が難しい製品が増えています。

　日用品や医薬品、生鮮食品などは、差別化が比較的難しい製品ととらえられています。しかしコトラーは、どんな製品でも差別化のポイントは必ず存在すると述べています。

　たとえば、生鮮食品にしても、牛肉なら米沢牛や松阪牛などのようにブランド化することで差別化が可能です。また、愛知県産の「初恋の香り」というブランドのイチゴは、白いイチゴとして知られ、1粒で700～800円程度と高価格ですが、贈り物として人気があるようです。

　セグメンテーション戦略と差別化戦略の概念を比較すると、次のようにまとめることができます。

　ただし、最近ではまずセグメンテーションを行って、その後差別化を行うことが一般的になっています。

セグメンテーション戦略と差別化戦略の違い

	セグメンテーション	製品差別化戦略
開発・製造コスト	高い	低い
ターゲットの性質	部分市場的	全体市場的
販売努力の程度	低い	高い
依拠する経済性	多様化の経済性 （消費者ニーズの多様化に対応し、多品種を少量生産する。このほうが、売れ残り等がなくかえって経済性が増すという考え方）	規模の経済性 （画一的製品の大量生産を行う。これにより製品一単位当りのコストが低下するという考え方）
志向性	消費者志向的	供給者志向的
戦略アプローチ	pull 戦略的	push 戦略的

セグメンテーションは、次のような「軸」を基準として行われます。下の表では、地理的変数、人口動態変数など「変数」という言葉が出ますが、これは「基準」と考えていただければけっこうです。

セグメンテーションに用いる軸の例

1．地理的変数		3．サイコグラフィック変数	
地域	関東、関西、九州　等	社会階層	最下層、下層の上、労働者階級、中流階級　上流階級　等
人口密度	都市圏、郊外、地方等	ライフスタイル	社会地位の獲得者、中流生活者　等
気候	北部、南部　等	性格	新し物好き、衝動的等

2．人口動態変数		4．行動上の変数	
年齢	児童、若年層、中年層、高齢者　等	使用機会	日常的機会、特別な機会等
性別	男性、女性	ベネフィット	品質、サービス、経済性、便宜性、迅速性　等
ライフスタイル	未婚者、若い既婚者で子供なし、若い既婚者で子供あり、年配の既婚者で子供なし　等	使用者のタイプ	非ユーザー、元ユーザー、潜在的ユーザー、初回ユーザー、レギュラーユーザー等
職業	専門職、事務職、技術職、営業職、経営者、学生、主婦　等	使用頻度	ライトユーザー、ミドルユーザー、ヘビーユーザー　等
収入	200万円未満、200万円以上、500万円以上、800万円以上　等	ロイヤリティ	なし、中くらい、強い、絶対的
宗教	カトリック、プロテスタント、仏教、儒教、神道　等	製品に対する態度	熱狂的、肯定的、無関心、否定的、敵対的

②ターゲティング

セグメンテーション後、自社商品を購入させたいセグメントに絞り込み、それに焦点を合わせて戦略を立てます。これをターゲティングといいます。

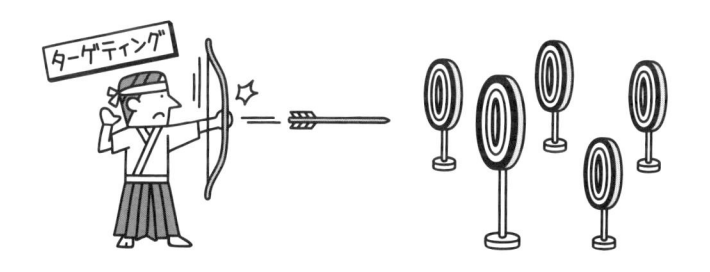

ターゲティングは、マーケティングのなかでも特に重要です。

ターゲットを絞らない場合は、企業は自らの憶測で平均的な顧客像を描くことになります。

しかし、平均的な顧客像を定めるのは簡単ではありません。

コトラーは「片足を熱湯に入れ、片足を氷水に入れている人も、平均すれば快適ということになる」とターゲティングを怠ることの愚を指摘しています。この言葉から、「平均」を基準としたマーケティングがいかに難しいかがよくわかります。

ターゲティングでは、セグメントの規模（どれくらいの売上が見込めるか）や成長性、収益性などが重視されます。

ターゲットとするセグメントが大きいと魅力的に見えます。しかし、すでに多くの競合他社が参入している可能性も高くなります。

また、ターゲットをひとつではなく複数にする場合もあります。
　銭湯を例にとれば、通常の銭湯では自宅にお風呂がない人や、時々広いお風呂に入りたい人ぐらいしかターゲットとなりえません。
　しかし、スーパー銭湯といわれるものでは、露天風呂やジェットバスを加え、自宅では入れないお風呂の形態を楽しみたい人たちを取り込むことになりました。さらに、マッサージやエステ、カフェ、ゲームコーナーなどを併設し、リラックスを目的として女性客や家族連れを取り込むことに成功しました。

　成長性が高いとされている市場でも、永久に成長することはありません。特に最近はビジネス環境の変化が加速しているので、注意が必要です。

●無差別マーケティングから脱出しよう

> それぞれのターゲットに違う戦略を立てるのも大変ですね

　確かに、かつては、ターゲットを絞り込まずに、マーケティングを行っている時代もありました。このように、ターゲットを絞り込まずに、万人向けに製品を売り込む手法を**無差別マーケティング**または**マスマーケティング**といいます。
　これは、セグメント間の相違点よりも類似点に目を向けて行われます。
　かつて、フォード社がＴ型モデルのみを売り出したのが、これに当たります。この方法のメリットは、生産や物流等のコストが最小限に抑えられることです。
　顧客の好みが画一的な時代は、この方法が有効でした。

しかし、現代のように消費者の好みが多様化している時代には、必ずしも有効な手法とはいえません。

一方、セグメントごとに異なる商品を提供する手法をセグメント内差別化マーケティングといいます。GM（ゼネラル・モーターズ）社は、多様なブランドでセグメントごとに差別化を図りました。

③ポジショニング

どの製品にも、必ずといって良いほど競合製品が存在します。

自社製品が購買に至るには、複数の競合製品と比較され、その競争に勝ち抜く必要があります。そのためには、顧客に自社製品に対して他社製品より良いイメージをもたせることが必要です。つまり顧客のなかで自社製品を他社製品よりも優位に位置づけさせるのです。

この活動をポジショニングといいます。

ポジショニングの目的は、自社製品と競合製品を対比させ、自社製品の特長を顧客に浸透させることです。

たとえば、自社製品の特長が「高級感」であるなら、それを軸としたポジショニングが必要となります。

マーケティングの進め方

マーケティングの進め方としては、コトラーの考え方が参考になります。コトラーは、マーケティングの進め方について独自のフレームワークをもっています。

①戦略：セグメンテーション、ターゲティング、ポジショニング
②戦術：差別化、販売活動、マーケティング・ミックスなど
③価値：ブランド、サービス、プロセスなど

もし、料理のフレームワークにたとえるなら、①戦略は素材選び、②戦術が下ごしらえ、そして③価値が味つけに当たると考えられます。どれも、料理（マーケティング）には重要な要素です。具体的には、①戦略→②戦術→③価値の順で進めていきます。

> 料理と同じで、順番も重要なんですね

①～③の各グループは、それぞれ役割を担っています。

①戦略の役割は、消費者のマインド・シェアの獲得です。
マインド・シェアとは、消費者が商品を購入する際に、ある特定の企業を思い浮かべる割合のことです。たとえば、自動車ならトヨタ自動車、ビールといえばキリン、PCのOSならマイクロソフト（のウィンドウズ）、スマー

トフォンならアップル、という具合です。

②戦術の役割は、企業のマーケット・シェアの獲得です。

マーケット・シェアとは、市場でどれくらいのシェアをもっているかということです。

言い換えれば、競合他社に比べて自社がどの程度、市場に浸透しているか、ということを指しています。

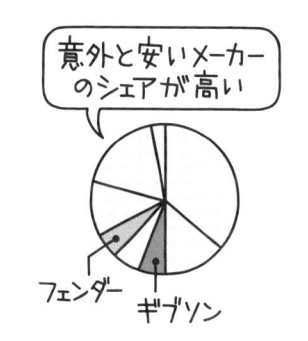

③価値の役割は、消費者のハート・シェアの獲得です。

マインド・シェアと似ていますが、ハート・シェアの場合には、消費者が企業を思い浮かべるだけにとどまらず、その企業に何らかのロイヤルティ（忠誠心）や愛着を抱く状態にさせているかを表しています。

ユーポート社で考えると

◎ユーポート社のセグメンテーションの例

	レストラン (業務用)	料理教室 (業務用・家庭用)	一般家庭 (家庭用)
価格帯	3万円以上	1万円前後～ 3万円前後	3千円前後～ 8千円程度
製品仕様	・電動式・手動式 ・カッター別売 (専用カッター5種類程度)	・電動式・手動式 ・カッター幅3種類程度 ・カラー3種類 (赤・白・シルバー)	・手動式 ・カッター幅2種類程度
機能	・生地を練る ・生地を伸ばす ・生地を切る ・マカロニやツイストした形のパスタも対応	・生地を伸ばす ・生地を切る	・生地を伸ばす ・生地を切る

◎ウルトラ・パスタの差別化戦略例

(1) 生地が触れる部品を取り外して水洗いできるようにする。
(2) パスタマシーンは、ほとんどがシルバーカラーのため、赤や黄色などカラーバリエーションを増やす。
(3) ラビオリに対応できる付属品をつける。
(4) イタリアンレストランや料理教室、老舗のうどん、そば屋などとのコラボで、パスタマシーン専用のミックス粉を販売する。
(5) 各地でパスタマシーンを使った料理教室を開催し、パスタマシーン購入者に特典として無料参加チケットを配布する(料理教室参加権との組み合わせ)。

episode 4

高品質・低価格を追求するな！

「部長！　うちのウルトラ・パスタを売るには、いまユーザーの主婦層に人気のイケメンタレント、速水慎吾をテレビCMに使うしかないですっ！」

　結衣は、マーケティング部の会議の席で急に立ち上がると、右手のこぶしを突き上げながら、こう言い放った。

　その突拍子もない発言に、一瞬、会議室が凍りついた。

「おぉ〜、結衣ちゃん、それ、なかなかイケテるねぇ〜。速水慎吾って言えば、去年の『主婦が連れて歩きたいタレントナンバーワン』だったもんね。あと、出演料さえ何とかなればね……」

　田辺は、人差し指と親指でマルを作って結衣のフォローに回った。

「ちょっといい、テレビCMなんて、うちみたいな小さな会社で、できるわけないじゃない。広告予算自体、ほとんどないようなものよ。ナベくんも綾瀬さんに無責任に肩入れするのやめなさいよね！」

　るみ子が隣の田辺を横目でジロリとにらみながら割って入る。

「あっ！　いや、そんなつもりじゃ……」

　田辺が、速攻で訂正した。

episode 4　高品質・低価格を追求するな！

　結衣が所属するユーポートが発売した「ウルトラ・パスタ」は、発売当初こそ順調な売れ行きを示していた。しかし、その後、ライバルのアイテム社が、ウルトラ・パスタとほぼ同性能のマシーン「パスタマシーンZ」を1割ほど安い価格で市場に投入して以来、ユーポート社の売上は伸び悩み、ついに先月アイテム社に追い抜かれてしまったのである。

「そうか。じゃあ、中村さんは、どうしたらいいと思う？」
　山本が、るみ子に水を向けた。
「やっぱり、デフレまっただ中なので、今は安さで勝負しなきゃだめだと思うんですよね。商品の出始めは消費者も珍しがって買ってくれるでしょうけど、長期的にシェアを維持するには、やはり安いほうが支持されるのではないでしょうか」
　るみ子は、冷静な口調に自信をにじませた。
「さすがぁ〜、確かに値下げもひとつのテです。思い切って半額にするとか、アハハ……」
　田辺がもみ手の格好でニヤニヤしながら言った。
「おいおい。そう安易なほうにばかり傾いちゃだめだよ」

山本がメンバーたちをたしなめる。
「えー？　でも、CMにイケメンタレントが登場してパスタマシーンを使えば、主婦の心をワシづかみですよ。『速水慎吾も密かに使っている！』なんてコピーをつけたらイメージアップにもなるし、一番手っ取り早いですよ。いまさら値下げっていっても、こちらでつけた定価はおかまいなしに、店頭やネットでどんどん安く売られちゃってるじゃないですかー」
　結衣が頬をぷっと膨らませた。
「でもね、これまでやったこともないテレビCMなんて無謀としか言えないでしょ。値下げのほうがよほど現実的だわ」
　るみ子も一歩も引かない。再び、会議室は重苦しい雰囲気に包まれた。

　メンバーのやりとりを聞いていた山本が、おもむろに口を開いた。
「ちょっと、整理してみようか。
　綾瀬くんのタレントを起用したCMを打つという案は、主婦層にアプローチするという点では間違っちゃいないんだけど、やっぱり予算的に厳しいな。それから、中村くんの低価格戦略なんだが、**価格を下げれば売れるというわけでもない**んだ。事実、そうやって低価格スパイラルに巻き込まれて自滅した会社が結構あるしな」
　山本は、穏やかな口調で話を続ける。
「たとえば、ハンバーガー戦争がいい例だ。
　2000年代のはじめごろだったかな。マクドナルドやロッテリアなどが値下げ競争を演じていた時期があったよね。そして、あるとき、意を決したマクドナルドは59円という激安バーガーの販売に踏み切ったんだ。『80円では支持を得られない』という理由でね。

episode 4　高品質・低価格を追求するな！

　しかし、株式市場の反応は冷たかった。値下げ発表当日には、株価が大幅下落したんだ。その後、売上も利益も振るわなかったよ」

「値下げ競争に陥ると、消耗戦になるということですか。
　では、どうすればいいのでしょうか」。
　るみ子は、困惑した表情を浮かべた。
「なかなか厳しいですねぇ。どうすればいいでしょう？　部長…」
　田辺がるみ子とそっくりな表情で山本に助け船を求めた。
　山本は、穏やかながらも鋭い口調で言い放った。
「**値段を下げてばかりじゃなく、上げる方向で考えてみてもいいんじゃないか。**
　じゃあ、宿題だ。明日の会議までに、その方策を考えてくるように。以上、解散！」
「え、宿題？　ていうかこんな時代に値段上げるなんて無理ですよー！　何かヒントはないんですか？」
　田辺が、情けない顔で助けを求めた。
「そうだなぁ、ヒントは、**商品の価値と値段のバランス**ってところかな」
　山下はあえて自分の考えは言わず、そそくさと会議室を後にした。

新たな価値やライフスタイルの創造

> 多くの企業が値下げをしてるのに、価格を上げるなんて大胆！

そう思う方もおられるかもしれませんね。しかし山本部長は、差別化の一環として、ある法則に目を向けたのです。

それは、「価格─品質連想」と呼ばれる法則です。

価格─品質連想

人間には、**価格が高ければ、上質の材料を使い、手間も掛かっているだろうと思い込む**習性があるといわれています。

このことを「価格─品質連想」といいます。

消費者は、商品仕入れのプロではありませんから、そのような連想が働いても、仕方ない面があります。商品にもよりますが、うまくやれば、**値段を上げることで高級感を演出できる**というわけです。

episode 4　高品質・低価格を追求するな！

　品質と価格の関係について、ジョン・D・マコーネルという研究者が行なった、面白い実験があります。
「ビール党」を自認する学生約400人にビールを試飲させ、ビールの味を評価させたのです。飲むビールはA、B、Cの3種類。といっても中身はどれも同じです。ただ、A=1.3ドル、B=1.2ドル、C=0.99ドルというように、3本とも違う価格が表示されていました。

　それぞれ、ビールを飲んだ学生たちの評価を指数化すると、一番高い価格のビールを「一番美味しい」と感じるという結果が出ました。そして、値段が下がるごとに美味しさの評価が下がっていったのです。

品質と価格の関係

全部同じビールなのに…

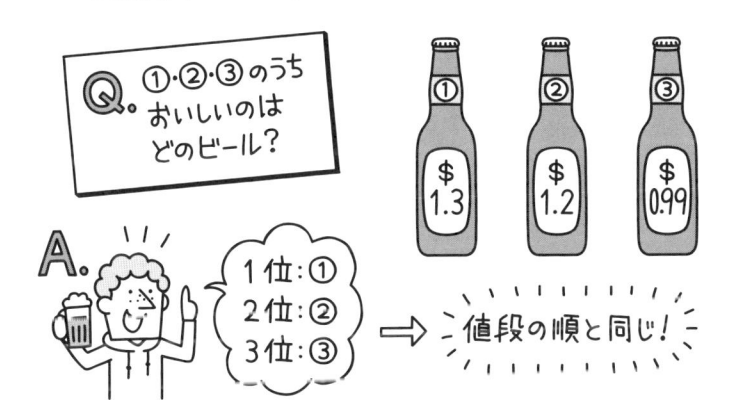

Q. ①・②・③のうちおいしいのはどのビール？

A. 1位：①　2位：②　3位：③　→ 値段の順と同じ！

　つまり、程度の差こそありますが、人間が知覚する品質（知覚品質）は価格と関係している可能性があるということが、この実験によりわかったわけです。

味オンチな学生さん…

せっかく個性的なデザインで良質な製品を提供しているのに、競合他社に合わせて安易に価格を下げれば、どうなるでしょうか。

> 良さがわかってもらえなくて、もったいない！

そうですよね。

消費者は、商品自体は気に入っても品質に難があるのではないかと疑うことも十分に考えられます。

消費者は、それぞれ**価格センシティビティ**をもっています。

価格センシティビティとは、設定された価格に対する消費者の感じ方です。

ピーター・ウェステンドープ（オランダの心理学者）は、価格センシティビティを測る方法として、PSMを考案しました。

PSM（Price Sensitivity Measurement：**価格感応度測定**）によって、消費者の価格の感じ方を4つに分けることができます。

まずは、「**最高価格**」。これ以上高くすると誰も買わなくなる価格です。次に「**妥協価格**」。これは、消費者にとって少し高いと思われる金額ですが、品質などを考えれば「これぐらい（高くても）仕方ない」と思わせることができる価格です。次が「**理想価格**」。これは、誰もが「これなら買っても良い」と思う価格です。最後が、「**最低品質保証価格**」で、これ以上安くすると製品の品質を疑われる価格です。

ですから、品質やデザインの良さ、他の製品との差別化のポイントなどをきちんと消費者に伝えるほうが、値下げよりも効果が上がることも十分に考えられるわけです。

episode 4　高品質・低価格を追求するな！

価格センシティビティ

| 最高価格 | これ以上高いと誰も買わなくなる価格 |

「最高級もち豚 厚切りチャーシュー8枚乗せ！」
「うーん、何とかがんばって食べようかな？」
1300円

| 妥協価格 | 少し高く感じるが、妥協できる価格 |

「コラーゲンたっぷり・カロリー控え目、美★ラーメン！」
「それなら まぁ 仕方ないか」
950円

| 理想価格 | 誰もがこれなら買っても良いという価格 |

「これ、買いたい人！」
「はーーい！」
600円

| 最低品質保証価格 | これ以上安くすると品質を疑われる価格 |

「ささっ、どーぞ！」
「食べても大丈夫？」
150円

新たな価値やライフスタイルの創造

「価格―品質連想」を利用した価格戦略

　一般に、「価格―品質連想」の法則は高級品の価格戦略に効果があるとされています。

　また、販売数量を一定とした場合に、売上を上げる最も手っ取り早い方法は、価格を上げることです。

> でも、何でも高くすればいいってモンでもありませんよね？

　当然のことながら、いかに高い価格をつけても、それに品質が伴わなければ評判を下げて、結局売れなくなり、売上は下がってきます。

　特に最近はインターネットなどで、悪い評判はすぐに伝わりますので、やみくもに高い価格をつけるのではなく、商品の価値もそれに伴ったものにすることが大切です。

　ただし、商品の価値というものは、非常に評価しにくい面があります。

　素材、機能・性能、デザイン、ブランド、アフターサービス、従業員の対応など、商品それ自体だけではなく、実にさまざまな要素から成り立っています。

　したがって、「価格―品質連想」の法則を用いて、価格を上げる策をとる場合にも、これらすべての要素が向上していなければ、顧客の納得は得られないでしょうし、成功しにくいと心得ておくべきでしょう。

> じゃあ、どうすれば高い価格でも買ってもらえるんでしょう？

episode 4　高品質・低価格を追求するな！

●期待－不一致モデルで圧倒的なファンを作る

　価格が高くても、それに見合う満足度を提供できれば、顧客は価格を高いとは感じにくくなります。そこで、満足度と関連が深い期待－不一致モデルを紹介しましょう。

　期待－不一致モデル（The Expectancy Disconfirmation Model）とは、文字通り顧客の期待と製品使用（消費）の結果に不一致が生じた場合に生じる顧客の評価のことです。

　人間は、何事に対してもある程度、事前に何らかの期待を抱いているものです。その結果が事前に抱いている水準よりも大幅に高かったり低かったりした場合に期待との不一致が生じます。

　たとえば、あなたが、家族の誕生日を祝うという目的をスタッフに告げてレストランを予約したとします。すると、特に注文していないのに、レストランからのサービスでケーキやシャンパンが提供されたら、どうでしょうか。

> えー　すごい嬉しいです！　友達とまた行っちゃうかも

　この場合、レストランは良い意味で客の期待を裏切ることになります。つまり、顧客の期待とのポジティブな不一致（ポジティブ・サプライズ）が生じたわけです。

　ポジティブな不一致が生じると、顧客には、企業側（売り手側）に歓喜や感謝の気もちが芽生えます。それがきっかけとなり、企業や店舗などのロイヤルティにつながることも多いです。

　ただし、期待－不一致はポジティブなものばかりではなく、ネガティブな不一致（ネガティブ・サプライズ）もあります。

ネガティブな不一致は比較的起きやすい半面、ポジティブな不一致は、よほどのことがないと起こりにくいです。
　だからこそ、顧客の期待にポジティブな不一致を起こせた企業は、多くのファン、そして信者的顧客を作ることができるのです。

　顧客にポジティブな「期待 - 不一致」を与え続ける存在として、帝国ホテルやリッツカールトンホテルがよく知られています。両ホテルとも、キメ細かく良い意味で顧客を裏切るサービスで有名です。
　たとえば帝国ホテルのランドリーサービスもそのひとつで、米国の俳優キアヌ・リーブス氏が、自らが出演する映画で「帝国ホテルのランドリーのようにきれいに仕上げてくれ」とアドリブを入れたことでも有名です＊。
　短時間でも時間通りに仕上げてくれるのはもちろん、ホテル内でついたシミは確実に落とす方針を取り、ボタンも一度はずしてつけ直してくれるなど、その仕上がりの良さにも定評があります。

　またリッツカールトンホテルには、こんなエピソードがあります。
　ある日、男性客がホテルのビーチスタッフに「今日、彼女にプロポーズしたいので、ビーチに椅子をひとつ残しておいてもらえませんか」と頼みました。スタッフは、その突然のリクエストを快諾し、椅子を残すだけでなくテーブルも準備、花も飾りました。さらに男性がプロポーズで膝をついても服が汚れないように、砂浜にタオルを敷いたのです。
　プロポーズは見事大成功！　2人は思いがけず素敵な時空をプレゼントされたことに大感激。夫婦となった後も折あるごとにリッツ

＊キアヌ・リーブス氏が出演した映画「JM」で、「洗濯を頼みたい。東京の帝国ホテルのようなやつを」というようなセリフをアドリブで入れた。

カールトンを利用しているそうです。

このように顧客は期待以上のサービスを提供されると、ロイヤルティが高まります。しかも、この2人は、いかに自分たちが感動したかを、多くの人々に伝えたことでしょう。

つまり、ポジティブな期待−不一致の効果として、ホテル側は2人のリピーター、そしてホテルの素晴らしさを心から伝えてくれる宣伝要員も確保できたのです。

ちなみに、リッツカールトンでは、機転の利いたサービスを顧客に提供できるように、月2000ドル（約23万円）までの決裁権が全従業員に与えられています。

> えー すごい！ 自由に何でもやってあげたくなりますね！

リピーター増加の一環としてポイント制を導入する企業はあっても、こうした「顧客満足用予算」を確保している企業はそれほど多くありません。しかしそれが逆に、従業員に顧客満足を意識させ、結果的にリピーター増加につながるのです。

●1回当たりの売上より、生涯価値の向上が大事

マーケティングでは、アップセル＊などにより、1回当たりの購入額を上げることも重要ですが、それと同時にLTVを意識することも求められます。

LTV(Life Time Value)とは、<u>生涯価値</u>、つまり<u>顧客一人が生涯(長期)にわたって企業にもたらす価値や利益</u>です。

たとえば、学生時代にトヨタの小型車に乗って満足した顧客は、その後、自分のライフスタイルに合わせて車を買い替える場合も、トヨタの車を選び続けるかもしれません。

> 僕は最初に買ってもらったPCがMacなので、Apple派です

ホテルも同じで、大きな感動を経験した顧客は、結婚記念日や誕生日などのイベントのたびに同じホテルを何度も訪れる可能性が高くなります。

＊顧客単価の向上を目的として、ある商品の購入者に対して同じ種類の商品でより高額なものを提案する方法。cf. クロスセル：ある商品の購入(希望)者に、その商品の関連商品を提案する方法。

episode 4　高品質・低価格を追求するな！

ブルーオーシャン戦略

　結衣さんたちはすでにアイテム社などがいる市場での戦いを強いられています。パスタマシーンの場合は、一般的に考えてそれほど競争相手が多いとは考えにくいのですが、たとえば携帯電話のような競合がひしめいている市場もあります。

　このような**競争が激しい市場**を、「赤い血の海」に見立てて、W．チャン・キムとR．モボルニュ＊は、**レッドオーシャン**と呼んでいます。

　特に携帯電話業界は、基本的に他社と差別化がしづらく、ナンバーポータビリティ制度が導入されてからは、ますます競争が激化し、限られたパイを取り合うために、値下げ合戦が展開されるレッドオーシャン状態になっています。

　スマートフォンに関しては、ソフトバンクが大人気のiPhoneの販売権を独占的に取得したときには、一人勝ちの様相を呈していましたが、その後、他の携帯会社も販売権を取得したので、やはりレッドオーシャンと化してしまいました。

　一方、**競争が存在しない新規市場もあります**。これは、静かで青く澄み、未開拓の可能性を秘めた海になぞらえてW．チャン・キムらは**ブルーオーシャン**と呼んでいます。

> でも、青かった海がいつの間にか赤く染まることもあるのでは…

　そうですね。

＊ともにINSEAD（欧州経営大学院）教授。

かつてGoogleが検索エンジン市場に参入したときには、ブルーオーシャンといわれていましたが、その後、中国の百度（バイドゥ）などの参入により、レッドオーシャン化しつつあります。

このように、参入当初はブルーオーシャンでも、その後、多くの企業が参入するとレッドオーシャンになる可能性が高まります。

レッドオーシャンとブルーオーシャンの特徴

	レッドオーシャン	ブルーオーシャン
意味	競争が激しい「赤い血の海」の市場	競争が存在しない「青く澄んだ海」の市場。うまくやれば業界トップになり、莫大な先行者利益が得られる
事例	日本では、携帯電話市場が代表格	かつて、グーグルが参入した当初の検索エンジン市場など
機会	競争が激しいが、それだけ「熱い市場」だともいえるので、戦略を上手に立てて実行すれば、儲けのチャンスは大きい	参入当初は「ブルーオーシャン」でも、参入後に多くの企業が参入すれば、やがて「レッドオーシャン」になる可能性が高まる

小川忠洋・宮崎哲也（2010）『ネットビジネスのトリセツ』秀和システム p.49

ホワイトスペース戦略

ブルーオーシャン戦略とともに、最近注目されているのが、**ホワイトスペース戦略*** です。

ブルーオーシャン戦略が、「前人未踏」つまりどの企業も進出したことがない市場に参入する戦略であるのに対し、ホワイトスペース戦略とは、**自社の資源をベースとして、これまでにない新たなビジネスモデルを構築する戦略**です。

企業の寿命は、取り扱う製品の寿命に影響を受ける傾向が見られます。爆発的なヒット商品が生まれても、それに続くヒット商品が

＊イノサイト会長マーク・ジョンソンが提唱。イノサイトは、戦略コンサルティングを手掛ける企業。

episode 4　高品質・低価格を追求するな！

出なければ、企業も短命に終わる可能性が出てきます。

　その対応策のひとつがホワイトスペース戦略です。

　それまで自社では進出していなかったビジネスモデルのいわば「空白の」領域がホワイトスペースです。そこにうまく進出できれば、企業が生き延びる可能性が出てきます。

　マーク・ジョンソンは、激しい競争のなかで企業が生き延びていくには、商品やサービスとともにビジネスモデルのイノベーションが重要であると主張しています。

　ホワイトスペース戦略の代表的な成功例としては、アップルがあげられます。

　アップルは、1990年代終盤にiMacやiBookなどのヒット商品を出しましたが、その後、業績はじり貧となっていきました。しかし、近年、iPod、iPhone、iPadといった画期的な商品をたて続けにヒットさせ、立て直すことができました。そのため、世間では、これらの製品自体がアップル社の成功要因ととらえている人が多いようです。

　確かに、これらの製品は、洗練されたデザインで、操作性も画期的なものでした。しかし、ジョンソン氏は、アップルが成功したのは、iPodの場合には、それまでCDによる配布が主流であった音楽や映像を、ネット（iTune）を通じて手軽にダウンロードできる仕組みを作るというビジネスモデル・イノベーションに由来するととらえています。

　つまり、IT機器メーカーであるアップルにとって、音楽関連機器や音楽配信という領域はまったくの未開の地でしたが、そこがホワイトスペースであり、アップルはそこへの進出に見事成功したからこそ、今日の発展があるといえるのです。

ホワイトスペース戦略とは

	コアスペース	隣接スペース
既存の組織にあまり適合しない		ホワイトスペース
既存の組織にうまく適合する		

（縦軸：ビジネスチャンスの性格／横軸：顧客の性格）

- コアスペース：既存の顧客のニーズを従来の方法で満たす
- 隣接スペース：既存の顧客もしくは新しい顧客のニーズを従来と根本的に異なる方法で満たす

マーク・ジョンソン（2011）『ホワイトスペース戦略』阪急コミュニケーションズ, P.29

> ホワイトスペースに乗り出し、成功するには、ビジネスモデル・イノベーションが必要

成功するビジネスモデルは、「4つの要素」でできている

◎ユーポート社のホワイトスペース戦略

顧客価値提案
・3800円の価格で、自家製パスタを作りたいというニーズを解決

主要経営資源
・安価な部品調達
・原材料調達プロセスの効率化

主要業務プロセス

利益方程式
・低い利益率で多くの製品を販売

（ユーポート社で考えると）

episode **5**

○○は価格競争で死ぬ！

「よーし、始めるぞ！」
　山本の合図で、マーケティング部の会議が始まった。
「この前の宿題はどうなったかな？」
「値上げの方向で考えてみる、ってやつですよね。考えてはみたんですけど…、ハハ、やっぱ、難しいっすねー」
　田辺が、山本を見ながら、お愛想笑いを浮かべた。
「何言ってるんだ。ちゃんと考えたのかね？」
「エヘヘ。一応、ですね。価格を上げて、チャネルを拡げるっていうのはどうですか？」
「チャネルを拡げるったって、どうやって？　そんな簡単にはできないわよね」
　るみ子が、すかさずクールなツッコミを入れる。
「あ、そうだ！」
　結衣が、突然立ち上がった。
「素材のコストや機能も同時に下げて、価格も下げる！　だから利幅は変わらない。それがいいんじゃないですか？　だって、部長、**価格と価値のバランスが大事**って言ってましたよね？」
「うんうん、確かにそれも一理ある。価格と価値は釣り合うべしという意味ではね」
　田辺が、ニッコリ笑顔でへつらった。
「製品の価値まで下げてどうすんのよ。本末転倒じゃないの」
「そうだな。確かに、田辺や綾瀬くんの考え方だと、商品をコモディティ化させてしまうだけだな」
「こもでてー？　なんですか？　それ」
　結衣が言葉をオウム返しにしながら、小首を傾げた。

■ episode 5　**○○は価格競争で死ぬ！**

「コモディティってのは、差別化されてなくて価値が低く、どこにでもありふれた商品のことよ。それぐらいマーケティング部なのに知らなくてどうするのよ」
　るみ子は、ため息をついた。
「**商品がコモディティ化すると、企業は窮地に立たされる**ことになる。
　たとえば、スターバックスコーヒーが、一時期、出店ラッシュだったころ、『スタバがコモディティ化した』という指摘が聞かれた。スターバックスは、もともと単なるコーヒーをブランド化して差別化を図って成功したんだが、その後、減速し始めた。その原因のひとつが、店舗展開を拡張しすぎて店がコモディティ化した点にあるといわれている」
「あ〜、そういえば、スタバの店舗があちこちにドンドンできた時期があったよなぁ」
　田辺は、腕組みをしながら天井を見上げた。

「そう。店舗が適正な数であれば、スタバというサードプレイス（第三の居場所）としての独特の魅力をもつ空間でコーヒーを飲むっていうのは、ある意味、価値ある体験だ。だから消費者を惹きつけておくことができた。しかし、いつでもどこでも飲めるとなれば、そのありがたみも薄れる。最近はマックやコンビニでも、低価格でそこそこ品質の良いコーヒーを出しているご時世だからね」

「ユニクロも一時、コモディティ化に苦しんでましたね」
　るみ子が、山本に水を向けた。
「そうだね。ユニクロは定番商品をより安く提供するというコンセプトで成功したんだが、ある時期から**ヤ・ヤ・ダスパイラル**に陥ってしまった。つまり、『ヤスい』から『ヤス物』へ、そして『ダサい』へと循環する負の連鎖にハマってしまったわけだ」

「えー、でも、パスタマシーンとか、広まってナンボでしょ？　まずは拡大して有名にならなきゃ、ですよね？　広まったらコモディティ化するって、なんか矛盾してませんか？」
　結衣が、口をとがらせて山本につっかかった。
「ただ価格を下げることだけで広まるとは限らないわよ。もし広まったとしても、価格以外のところでの価値や惹きつける魅力をもたないと、やっぱりコモディティ化しやすいんじゃないかしら。」
　眼鏡越しのるみ子の眼はどこまでもクールだ。
「そうか、逆にシャネルとかは、超有名だけど値崩れしないし、ホテルも安くてそこそこきれいなところが増えたけど、リッツカールトンとかは料金高くてもお客さんが減らない。それは、やっぱり消費者がその価値に共感しているからか……」

episode 5　○○は価格競争で死ぬ！

　さすがの田辺も、ここはるみ子に同調した。
「その通りだ。前の会議で、価格を下げればいいわけではないと言った意味がわかったかな？　要は、価値と価格のバランスが大事なんだが、**まずは価値が重要**だということだ。
　実は、テーマパークだって同じことがいえる。長崎のハウステンボスが不振だったころ、3か月間だけ17時以降の入場料を無料にしたことがあったんだ。でも入場者は全く増えなかったらしい。それだけ当時のハウステンボスには魅力がなかったということなんだろう。
　そこで今度は予算を組んで700万球ものイルミネーションを設置し、3D映像のショーなど夜の暗さを活かしたアトラクションを充実させた。そして1000円の入場料を取ることにしたんだが、無料の頃に比べて大幅な入場者増につながったんだよ」
　山本は、価値と価格のバランスをメンバーが理解しやすいように、数字を交え、なるべく詳しく説明した。
「確かに、価格も大事ですけど、まず価値を高め、それをしっかりアピールするほうが、はるかに大切なんですね」
　るみ子は、山本の的確な説明を自らに染み込ませるかのように、大きくうなづいた。
「そうなんだよ。その後、ハウステンボスは、アトラクションをさらに充実させながら、入場料を2000円台後半まで上げていったが、客足は値上げのたびに伸びたそうだ」
「うーん、じゃあ、やっぱり**値上げの方向で考えて、それに見合う価値を商品にもたせる**って方向ですかね……　よーし、頑張るぞ！」
　結衣は、自らに気合を入れ直すように、頬を両手で2回パンパンと叩いた。

的確な差別化と適切な価格設定

Episode5 は、いかがでしたか？

一般的に、値段が安いものが売れると思われがちですが、実はそうともいえません。商品の価値が低ければ、無料でもなかなか売れません。また、商品のコモディティ化も、商品の希少性を下げることになり、結局、消費者の「買う気圧」を下げることにつながるのです。

> スタバ、まったりできてイイのでたくさんあって欲しいんですけど…

最近、スターバックスだけでなくタリーズやエクセルシオールなど似たようなカフェがありますよね。さらにはコメダ珈琲や上島珈琲店も全国展開を始めています。これらの店舗のメニューは低価格ではありませんが、味や雰囲気の良さで顧客から一定の支持を得ています。

コモディティとは

コモディティという言葉は、直訳すると「商品」ですが、マーケティングなどでは、単なる商品というよりも、**付加価値の低い商品**という意味合いで使われることが多いです。

つまりコモディティは、ブランドやポジショニングがあいまいで、他社商品との差別化ができておらず、付加価値も低い商品ということになります。また、希少性が低い商品をコモディティと呼ぶこともあります。

穀物など差別化が難しい一次産品も英語でcommodityといいます。小麦などの穀物、木材、歯ブラシなどの一般的な日用品は、どれもコモディティです。

コモディティについて消費者は、特に「この会社のものでないとダメ」というような動機づけをもちません。ごみ袋や輪ゴム、アルミホイルなどを考えてみると、わかりやすいかもしれません。

> あー 確かに、違いがわからないから、どこの製品でもいいです

消費者は、これらの商品については、基本的な役割を果たしてくれれば、それ以上のことは望みません。ということは、**一定の品質さえあれば、商品の魅力は「安さ」のみ**ということになります。そうなると、商品の「コモディティ度」が高くなるほど、過酷な価格競争にさらされ、利益が圧縮されるリスクが高まるのです。

しかもコモディティは商品自体に力がないので、他社が少しでも安い商品や優れた商品を発売した場合、顧客はすぐにその商品に流れてしまいます。

●コモディティには手を出すな！

　世界的に有名な投資家、ウォーレン・バフェット＊は、投資家に「コモディティ企業には手を出すな」という教訓を与えています。コモディティ企業、つまりコモディティを取り扱う企業は、投資対象としての魅力に乏しく、うっかり株を買ってしまえば、いつ大きく下落するかわからないからです。

　いかにコモディティ企業の生き残りが難しいかが、この教訓から読み取れます。

　よほどの規模の経済性が働くとか、強力な販売ルートをもっているなどの条件がそろわないと、市場で勝ち抜いていくことは困難といえます。

　なお先ほど、コモディティには穀物や木材などがあると述べましたが、これらはあくまでも一例です。実際には、家電製品なども含めて、**差別化されていない商品はすべてコモディティ**となりえます。

　航空サービスなどもそのひとつです。特に最近は、LCC（Low Cost Carrier：格安航空会社）の台頭で、安全性さえ確保できれば、なるべく安い航空会社を使いたいという人が増えています。

> 正直なところ、ちゃんと飛んでくれれば安いほうに乗ります。

　このような現象は、消費者にとってはありがたいのですが、企業側にとっては利益が圧迫される傾向が高まることになりますので、是非とも避けなくてはなりません。

＊米国の投資家。今世紀最大の株式投資家といわれ、マイクロソフト社のビル・ゲイツとならんで、世界長者番付のトップ3の常連である。

episode 5　○○は価格競争で死ぬ！

ポーターの3つの基本戦略

　Episode2で、企業の5つの競争要因を分析するファイブ・フォース分析を紹介しました。この分析の提唱者であるマイケル・ポーターは、さらに企業が競争優位を目指すために5つの競争要因に対処する戦略を3つの類型に整理しました。

　低コストと差異化の2つのパターンに絞り、さらに標的とする市場セグメントとこの2つを密接に結びつけるもうひとつのパターンを加えて3つの基本戦略として提示したのです。

① コスト・リーダーシップ戦略

　自社の属する業界において低コストで競争優位に立とうとする戦略です。規模の経済性や経験曲線効果＊のほか、技術的な優位性や、より安価な原材料の確保、あるいは設計、調達、販売などのオペレーションコストの削減などにより、それが達成可能となります。

　ポーターによれば、低コストを狙うには、非常に優秀な生産設備に加え、巨額の投資を行うこと、攻撃的な価格政策、市場シェアを確保するために製品を市場に投入した初期の時点では赤字も覚悟する必要があります。

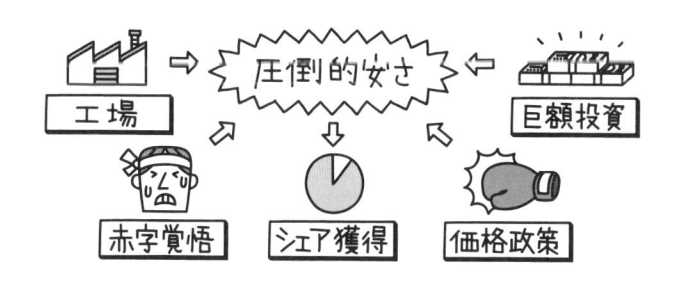

＊人間や組織が経験を積むほど技術が向上し、不良品の削減やコストの低下といった効果が現れること

② 差異（差別）化戦略

自社の製品を差別化して、業界内でも特異な製品であるというイメージを与える戦略です。顧客が認識する**製品の特長、品質・性能、ブランド等の面で競争優位に立とうとする戦略**とも言えます。

製品にまつわるイメージなどの副次的使用価値、あるいはアフターサービス、コーポレートイメージなども差異化の対象となりえます。

よく差別化は難しいという意見を見かけますが、ポーターは製品設計、ブランド・イメージ、テクノロジー、製品の特長、顧客サービスなど、数多くの差別化の方法があると指摘しています。

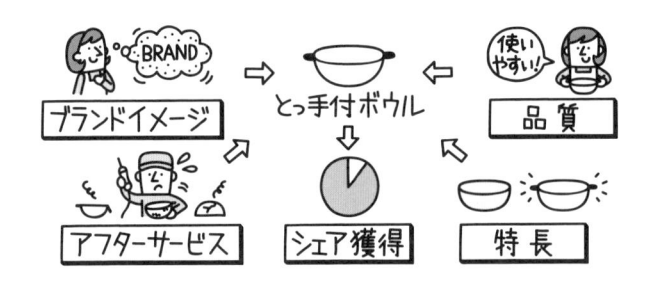

③ 集中（焦点）戦略

競争優位に立つため、特定の地域や顧客層等によって分類された市場セグメントに絞り込む戦略です。

この戦略はさらに次の2つに分かれます。

● コスト集中（焦点）戦略（3A）

　　特定の市場セグメントにおいてコスト優位を追求する。

● 差異（差別）化集中（焦点）戦略（3B）

　　特定の市場セグメントに絞り込み、そのセグメントに差異（差別）化を徹底追求する。

episode 5　○○は価格競争で死ぬ！

集中戦略

3つの基本戦略

戦略の有利性

	顧客から特異性が認められる	低コスト地位
戦略ターゲット：業界全体	差別化	コストのリーダーシップ
戦略ターゲット：特定セグメントだけ	集　中	

マイケル・ポーター（1982）『競争の戦略』（土岐坤ほか訳）ダイヤモンド社、p.61

↓

4つの基本戦略

競争優位

	他社より低いコスト	差別化
戦略ターゲットの幅：広いターゲット	差別化	コスト・リーダーシップ
戦略ターゲットの幅：狭いターゲット	コスト集中	差異（差別）化集中

マイケル・ポーター（1985）『競争優位の戦略』（土岐坤ほか訳）ダイヤモンド社、p.16

的確な差別化と適切な価格設定

価格設定のキホン

> 低価格で勝負するにしても、利益出なきゃ意味ないですよね

　そうですね。価格戦略は、マーケティング・ミックス（Episode1参照）のひとつで、とても重要な戦略です。
　Episode5では、製品の価格と価値のバランスの重要性について山本部長が話していました。製品の価値を上げることはもちろん大切ですが、それと同じくらい、適切な価格を設定することも重要です。
　基本的な価格設定の手法は、主に2つです。
　原価志向型プライシングと**需要志向型**プライシングの2つです。

●原価志向型プライシング

　実際にかかった原価をもとにして設定する方法には、コストプラス型プライシングとマークアップ型プライシングがあります。

　コストプラス型プライシングは、「経費＋利益」という考え方に基づく価格設定です。経費には製造原価や営業経費、流通経費などが含まれます。
　マークアップ型プライシングは、仕入原価に一定の金額または一定の割合の金額を上乗せ（マークアップ）して価格を設定する方法です。
　Episode5のなかで結衣さんは「素材のコストや機能も同時に下げて、価格も下げる」と発言しました。これは、価格設定の出発点がコストにあることを示しています。

episode 5　○○は価格競争で死ぬ！

●需要志向型プライシング

　もちろん原価を確保することは価格設定の基本ではありますが、実際には、原価割れを起こすような価格設定つまり需要志向型プライシングが行われる場合もあります。

　これは、消費者の視点から価格を設定する手法です。

　需要志向型プライシングには、知覚価値プライシングと需要差別型プライシングがあります。

　知覚価値プライシングでは、フィールドリサーチ（実地調査）や消費者アンケートを参考に消費者の値ごろ感を探り、それを参考に価格を設定します。

また、**需要差別型プライシング**とは、顧客の需要の度合いにより価格を変化させる手法です。たとえばホテルの宿泊料や航空チケットなどが好例です。夏休みやゴールデンウィークなどの繁忙期には料金が高めに設定されることが多く、閑散期は料金が安くなることが多いです。

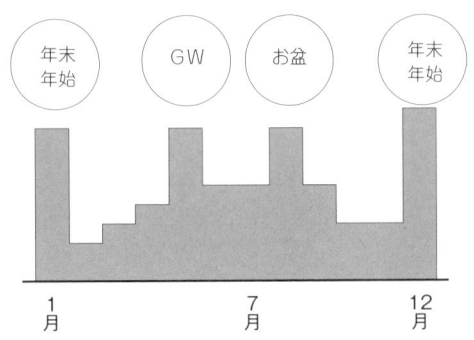

●新製品の価格戦略
　新製品に価格をつける場合は、主に2つの方法が使われます。
　ひとつは**スキミング・プライス戦略**です。これは、利益を早めに回収するために、製品を市場に投入した初期段階に高価格を設定する戦略です。

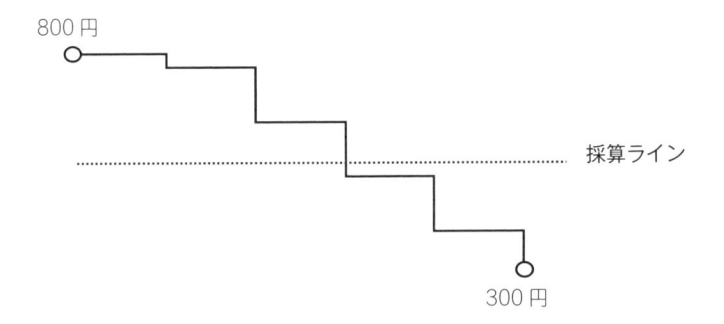

episode 5　○○は価格競争で死ぬ！

　もうひとつは、**ペネトレイション・プライス戦略**です。この戦略では、いち早く製品を市場に普及・浸透させるため、市場導入時に比較的安い価格をつけます。薄利多売で利益を獲得したいときに有効な方法です。

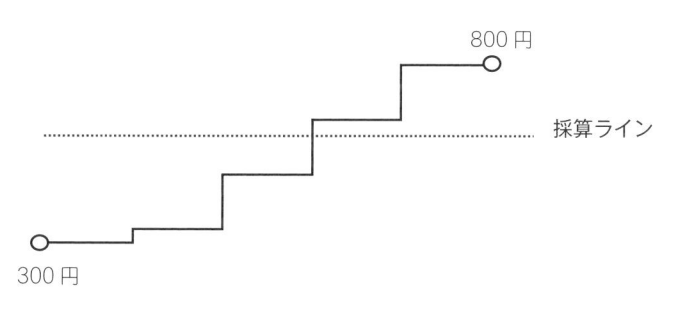

```
                                    800円
                                ○─
                            ───┘
                         ┌──
                    ─────┤                   採算ライン
                    │
                ┌───┘
           ─────┤
     ○─────┘
    300円
```

顧客のココロの動きを利用した心理価格戦略

　実際には、価格を変えたからといって、製品の質や中身が変わるわけではありません。しかし、価格設定によって消費者に製品を魅力的に感じさせたり、反対に魅力を失わせたりすることが珍しくありません。

　小売りの現場では、特に価格は顧客を商品に引きつけることができます。たとえば、衣料品店などでは「イチキュッパ（1980円、198円）や「ニーキュッパ（2980円、298円）」というように、末尾を8円や80円とする価格設定がよく見られます。

> なんか、2円とか20円得した気分になるんですよね

　消費者が1980円の商品を見ると「実際は2000円のものが1980円に値下げされた」と解釈することが多いでしょう。しかし実際には1950円相当のものを1980円に値上げしているのか

もしれません。

　この場合、1980円という価格設定自体が消費者の心理に働きかけたりイメージを抱かせたりしていることになります。このような価格設定は、心理的価格戦略などと呼ばれています。

　心理的価格戦略の価格設定法は次のとおりです。

① 名声価格
　値段が良ければ品質も良いという消費者心理、すなわち「価格─品質連想（Episode4 参照）」を狙った価格設定です。
　類似商品よりも価格を高めに設定したうえで「限定100個」「今回のみの販売」などと希少性やブランド価値も訴えたりすると、さらに効果的です。
　商品に連番をつけて「その番号の商品は世の中にひとつ」であることを訴え、ステータスを強調することもあります。

② 端数価格
　98円、980円、1980円、というように意図的に端数をつけて割安感を出す価格設定です。
　実際には100円と98円は2円、1000円と980円は20円しか変わらず、割引率に直せば、わずか2％（0.2割）です。しか

し消費者は、買い物中にそれほど厳密に割引率を計算することはありません。そのため、90円台と100円台、つまり10円程度の開きがあるような印象を与えることが多くなるというわけです。

　さらにいえば、2500円の品物なのに2800円という価格設定をすることによって「3000円から200円引いてくれた」と勝手に消費者が解釈してくれるという効果も見込めます。

　また日本では、先の例にもあるように98や980など「8」を端数にすることが多いです。
　これは中国も同様で、縁起が良い数字ということで好まれる傾向にあるからです。一方、欧米では「7」や「9」が好まれるようです。

③ 段階価格
　価格に段階をつけて、消費者に割安感を与える価格設定です。
　たとえば、レストランのコースメニューの設定で、「8000円コース」「5000円コース」「3000円コース」となっている場合、2番目の5000円コースが多く選択されることがあります。
　この場合、意図的にそれより高い8000円コースを入れることで5000円コースをお得に見せる効果（コントラスト効果）が期待できます。

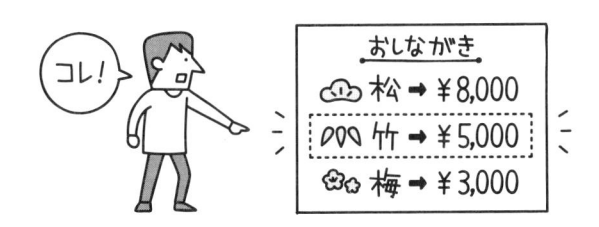

段階価格は、**消費者が商品を選ぶ利便性を高める役割**も果たします。たとえば、和食の店では、コースを「松・竹・梅」などと分けている場合が多いです。その店の常連は別にして、単品メニューだけで料理を決めるのは一苦労です。一方、コース別の価格と簡単な内容がメニューに示してあれば、消費者は自分の予算に応じてメニューを決めることができます。

④ 均一価格

　均一価格とは、文字通り、「100円均一」「500円均一」など、**同じ店舗、あるいはコーナーに置かれている商品に均一の価格をつける**手法です。100円ショップなどでおなじみですね。また、回転ずしなどでもこの手法がとられています。

　この戦略をとると、消費者が極めて安くわかりやすい価格で類似商品と同等の商品を入手できるため、「お手軽さ」「明快さ」を売りとした販売促進効果が得られます。

　また、商品のジャングルのなかで宝探しをしているような感覚でショッピングが楽しめ、消費者がショッピングに求める「リフレッシュメント欲求＊」を満たすこともできます。

　最近では物販に限らず、ヘアサロンやビリヤード、ネットカフェ、釣堀等の美容・娯楽施設においても100円／分で利用できるなど、支払いの簡便さや細切れの割安感を狙った戦略も登場しています。全国一律500円のワンコインで運ぶ宅配業者も登場しています。

⑤ 慣習価格

　これは、缶ジュースやガム、あめ、など**慣習的に一定の価格水準**

＊筆者の造語。ストレス解消や気分転換したいという欲求。

episode 5 　〇〇は価格競争で死ぬ！

が浸透している商品の価格設定です。
　自動販売機の缶コーヒーなどもおおむね130円程度に決められている場合が多いですが、これも慣習価格のひとつと言えます。

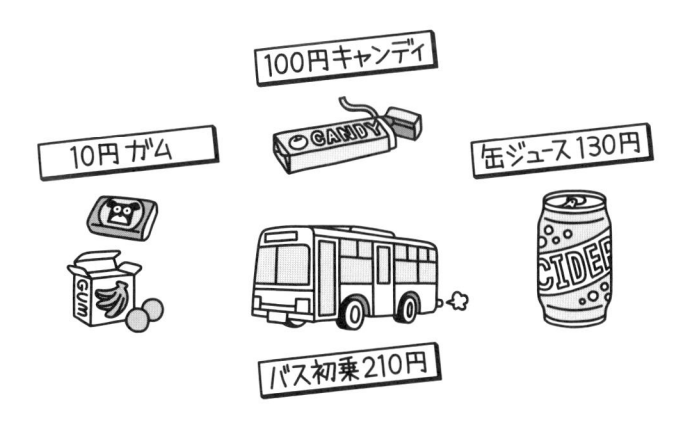

的確な差別化と適切な価格設定

◎ユーポート社の価格戦略

戦略	内容
中心となる価格戦略	低価格戦略
価格設定	・基本的に「原価志向型プライシング」のうち、コストプラス型プライシングを採用している ・低価格を維持するため、なるべくコストを抑える企業努力をしている ・3800円と端数価格により、割安感を演出している
ポーターの 3つの基本戦略	・3つの戦略のうち、コスト・リーダーシップ戦略を選択 （ただし、カッター幅の種類を他社製品より増やすといった差別化も行っている）

episode **6**

お客の声は聞くな！

結衣たちが所属するユーポート社の「ウルトラ・パスタ」の売上は、あいかわらずアイテム社の「パスタマシーンZ」と接戦を繰り広げていた。

　結局、値上げは見送られたが、価値を付加するためアイテム社のマシーンの仕様に合わせた簡易のパスタレシピ集をつけることになった。また、「ウルトラ・パスタ」のオフィシャルページを開設して、利用者からオリジナルのレシピを募ることにした。そのことが話題を呼びSNSでも広がりを見せるようになった。

　そうした活動が徐々に功を奏したのか、少しずつユーポート社製マシーンの売上は伸びていったが、それでも大きく引き離すことはできずにいた。

　そんなある日のこと。結衣が、いつものようにマーケティング部の企画室に飛び込んできた。
「部長！　いい案を思いつきましたっ！」
　結衣は、両手に抱えていた書類の束を、山本の机の上にドサッと置いた。
「いったいどうしたんだい？　この書類の山は？」
「アンケートです！　部長」
　結衣が満面の笑みで答えた。
「この前の会議で、価格と価値のバランスを取るってお話をされてましたよね？　結局、値上げにはなりませんでしたが、価値を上げるには、やっぱり顧客の声を直に聴くべきだと思ったんですよ」
「どうせ、顧客の声をネットで集めましたー、とかでしょ〜」
　るみ子は、会話に加わらず独り言のようにつぶやいた。

episode 6　お客の声は聞くな！

「そう！　そうなんです。で、お客様相談室に寄せられた意見をもう一度見直したんですけど、まだ足りないみたいなのでネットで＜ユーポート　パスタマシーン　評判＞とかのキーワードを入れて検索してみました。
　そうしたら、けっこう多くの書き込みが見つかったのでプリントしたら、こうなりました。うふっ」
　結衣は一同を見回し、書類の束を指差した。
「すごーい、結衣ちゃん。結構、頑張ったねー。」
　最初は心配そうに見ていた田辺が、相好を崩して駆け寄った。
「えへへ〜、やるときはやりますので」

「綾瀬くん、よく頑張ったね。みんなで目を通すようにしよう。**ただね、顧客の声を取り入れすぎるのも、良し悪しなんだよ**」
「えー？　なぜですか？」
「イノベーターのジレンマって知っているな？」
「え？　インベーダーのジレンマ？　あ、昔のゲームの名前でしたっけ？」
　と言いつつ、自信のもてない結衣は目を白黒させた。
「インベーダーじゃなくてイノベーター。つまり、改革を進める人たちのことよ」
　隣にいたるみ子が、結衣を見下ろしながら、たしなめるように言った。

「そうだな。たとえば、IBMの事例が有名だ。
　以前、IBMのマーケターや製品開発者達は、アンケートなどを通じてコンピュータの専門家である顧客の要望を取り入れた製品を

作り出すように努力した。しかし、IBMが顧客に合わせようとすればするほど、『誰でも使える簡単なパソコン』を求める世の中のトレンドからは大きく外れてしまうことになったんだ。

　そんなときに、マイクロソフトが全てアイコンで操作できるWindow95を発売して爆発的なヒットになり、IBMは大きくシェアを奪われた。そしてついに2012年には、一般向けのパソコン事業から撤退してしまったんだよ。結局、イノベーターたちの思惑とは全く違う方向に事態が進んでしまったってわけだ。

　これを、クリステンセンという学者が『イノベーターのジレンマ』と名づけたんだ」

「カメラの名門企業コダックも、デジカメは手軽に撮影したい素人向けで、彼らでさえも家族写真はプリントを欲しがると思い込んでフィルムに焼きつける従来型のカメラにこだわり、デジタル・カメ

episode 6　お客の声は聞くな！

ラの普及で破産申請に追い込まれたとか……」
　るみ子がすかさず補足した。
「なるほど。確かにデジタル・カメラはフィルムもいらないし、現像もしなくていいから、企業側からすれば、利益を得る手段が減っちゃうしね」
　田辺が首を大きく縦に振った。
「えっ、それって、おかしくないですか？
　部長、いつも『お客様第一』って言ってるじゃないですか。なのにお客様の言うことを取り入れすぎるな、なんて。
　い、意味がわかりません！」
「確かに、お客様の意見を取り入れるという姿勢は大事だ。しかし、そればかりだと、IBM やコダックのように、メガトレンド、つまり世の中の大きな流れに即した破壊的イノベーションが起きたときに、瀕死の重傷を負ってしまうわけだ」
「破壊的…　イノベーション？」
「Windows95 やデジタル・カメラが起こしたようなラディカルなイノベーション＊のことだ。」
「じゃあ、そうならないためにはどうすればいいんですか？」
　結衣は、ますます、困惑した表情を浮かべた。
「それは、これから考えていかなくてはならない。
　今の顧客だけに目を奪われずに商品の価値を上げ、適切なマーケティング活動を進めるしかないんだ」
　山本は、穏やかに結衣を諭したが、結衣は、まだ納得できていない様子で、不満な表情を残したまま机に向かった。

＊製品やサービスに対する従来の常識を覆すような画期的なイノベーション。←→インクリメンタル・イノベーション。

革新的な商品を生み出せ！

　Episode6 は、いかがでしたか？
「顧客の声を取り入れすぎるな」と山本部長に言われた結衣さんは、その言葉にまったく納得できていなかったようです。

　もちろん、顧客満足（CS：Customer Satisfaction）がマーケティングの基本であることに変わりはありません。そのために顧客の声に耳を傾けることは当然のことです。
　しかし、企業が「お客様のため」と思って行ったことが、かえってイノベーションの妨げになることがあります。
　ところで、**イノベーション**という言葉は、最近、頻繁に見聞きされるようになりましたが、意外にその内容を正しく説明できる人は少ないようです。
　そこで、まず簡単にイノベーションについて解説して、アイデアを生み出す方法やコツについてお話ししたいと思います。

イノベーション≠技術革新

　イノベーションとは、新たな価値創造をもたらす新機軸や革新のことです。

　技術革新もイノベーションのひとつですが、それだけではありません。イノベーションには技術革新を超えた、さまざまな意味があるのです。

　イノベーション（innovation）という言葉を最初に定義したのは、オーストリアの経済学者、ヨーゼフ・シュンペータです。

　日本では、1958年の「経済白書」ではじめてこの概念が導入されました。そのときinnovationは「技術革新」と訳されました。

　その当時は、イノベーションが主に科学技術に関連したものだったからです。そのため日本では、innovation＝技術革新と思い込んでいる人が非常に多いのですが、誤りです。

　　　違うんですか？

　よく考えてみてくださいね。技術革新を英語に訳すとテクノロジカル・イノベーション（technological innovation）。つまり、技術革新は、あくまでもイノベーションの一部にすぎないのです。

　イノベーションには、少なくとも、①技術革新、②新製品の開発、③新生産方式の導入、④新市場の開拓、⑤新原料・新資源の開発、⑥新組織の形成という6つの内容が含まれています。

　たとえば、リニアモーターカーで採用される超伝導技術、iPS細胞による再生医療などを研究するバイオテクノロジー、インターネット技術に代表されるIT（情報技術）などは、技術革新という意味でのイノベーションというべきでしょう。

ただし、たとえば、トヨタ自動車で生まれたカンバン方式、ジャスト・イン・タイム（JIT）システムは製造に関するイノベーションといえますし、アップルが音楽を顧客にダウンロードさせることで販売するシステムや、パソコン等の組み立て販売で知られるデルのようなBTO（build to order）にもとづく画期的な製造・販売のビジネスモデルもイノベーションに含まれるわけです。

> へー　そんなことまで！

　これらは、ＳＣＭ（サプライチェーン・マネジメント）＊におけるイノベーションといえます。

　さらにいえば、イノベーションの概念は、経営や経済の分野にとどまるものではありません。たとえば、かつて共産主義だった東欧諸国が自由主義体制になったことは、社会的イノベーション（social innovation）といえますし、また洋楽が始めて日本に導入され、新たな音楽文化が花開いた際には、文化的イノベーション（cultural innovation）が生じたということもできます。

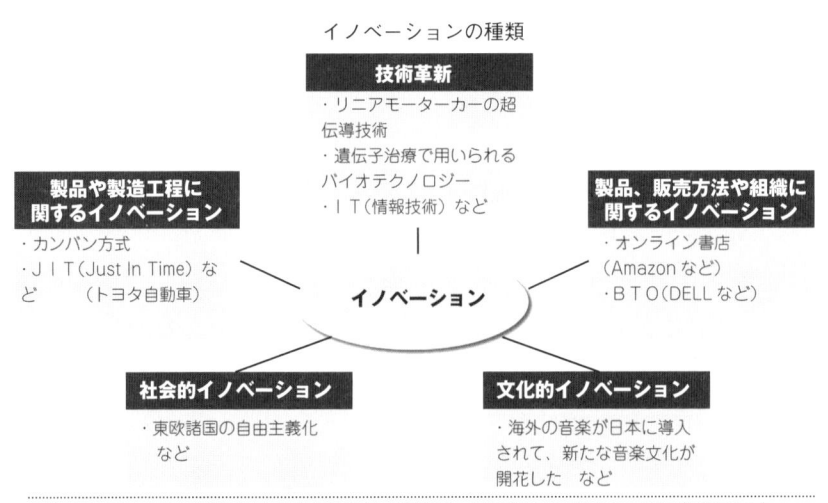

イノベーションの種類

技術革新
・リニアモーターカーの超伝導技術
・遺伝子治療で用いられるバイオテクノロジー
・ＩＴ（情報技術）など

製品や製造工程に関するイノベーション
・カンバン方式
・ＪＩＴ（Just In Time）など　（トヨタ自動車）

製品、販売方法や組織に関するイノベーション
・オンライン書店（Amazonなど）
・ＢＴＯ（DELLなど）

イノベーション

社会的イノベーション
・東欧諸国の自由主義化　など

文化的イノベーション
・海外の音楽が日本に導入されて、新たな音楽文化が開花した　など

＊サプライチェーンの業務プロセスをＩＴによって統制し、顧客満足最大化のために最適化すること。

■イノベーターのジレンマ

Episode6 では、「イノベーターのジレンマ」という概念が登場します。これについて少し説明しておきましょう。

イノベーターのジレンマとは、端的に言えば、イノベーター（改革を進める者）が自社の<u>**既存の顧客ニーズに合わせて持続的イノベーション***1 **を進めるほど、世の中の大きなトレンドから外れ、社会が実際に必要としているイノベーションとかけ離れてしまうこ**</u>とです。

> 持続的イノベーションっていうのが悪いんですか？

●持続的イノベーションと破壊的イノベーション

いえ、持続的イノベーションそのものが悪いわけではありません。

そもそも、イノベーションにはコツコツと改良を重ねていく持続的イノベーションと、急進的な破壊的イノベーションがあります。

持続的イノベーションは、顧客志向で進められている限り、それ自体悪いことではありません。しかし**破壊的イノベーション***2 が起きれば、今度はコツコツと育ててきた顧客を奪われてしまうことが多いのです。これは、イノベーターにとって非常に大きな矛盾です。

そこで、このような一連の現象を、クレイトン・クリステンセンはイノベーターのジレンマと呼んだのです。

たとえば、ホンダが1960年頃に米国市場に進出したとき、当

---

*1 企業が顧客のニーズを満たすためにサービスや製品の性能向上を目指して行うイノベーション。一般的には、インクリメンタル（漸次改良型）イノベーションであることが多い。
*2 確立された技術やビジネスモデルを根底から覆し、業界の構造を劇的に変化させるイノベーション。一般的には、ラディカル（急進的）イノベーションであることが多い。

時の米国では「スーパーカブ(オートバイ)」は、破壊的イノベーションとしてとらえられました。

スーパーカブは、日本ではすでに配達用のオートバイとして一定の地位を得ていましたが、当時の米国ではハーレー・ダビッドソンのような、大型で轟音を立てて走るバイクが主流だったからです。スーパーカブは、低価格で小回りが利き、燃費も良いということで米国市場にとって脅威となりました。

そして、最終的に、高いブランド価値を保持していたハーレー・ダビッドソンとBMWを除いたすべてのオートバイ・メーカーを市場から追い落としてしまいました。

> やっぱり本田宗一郎はすごいですね！

そうですね。ただし、このようなお話をすると、イノベーションは製品開発のみに関わることで、それ以外のマーケティング活動とは無関係のように見えるかもしれませんが、決してそうではありません。**破壊的イノベーションは、製造業だけで起きるわけではないのです。**

たとえば、米国の小売業、シアーズ・ローバック(以下、シアーズ)

episode 6　お客の声は聞くな！

は、世界有数のストア・ブランドとして知られるカタログ販売のパイオニア的存在で、多くの小売業のお手本となっていました。しかし、EDLP（Every Day Low Price: 毎日が低価格）戦略で有名なウォルマートなどのディスカウント・ストア、あるいは日曜大工やガーデニング用品を中心に扱うホームセンターの台頭に乗り遅れ、結局、カタログ販売からも撤退してしまいました。

　シアーズは、商品の品質重視、顧客満足の最大化を念頭に企業努力を行ってきましたが、時代とともに、価格を重視する顧客が増えていったのに、その環境変化についていけなかったのです。

　またたとえば、オンライン小売店として知られているアマゾンも、破壊的イノベーションを起こした企業です。

　その特徴は、豊富な品ぞろえで、24時間いつでも注文でき、迅速に自宅まで商品を届けてくれることにあります。

　もちろんそれ自体も十分画期的ですが、アマゾンでは、実に多種多様な商品を、ひとつのカートに集めて購入することができます。たとえば、書籍と洋服とキッチン用品、電化製品など、まったく違うカテゴリーの商品を1回の支払いでまとめ買いできます。リアル店舗ならこれだけの商品を買うには3〜4店舗は回る必要があるでしょう。移動時間や支払いの煩雑さなどを考えれば、アマゾンは顧客に圧倒的な利便性を与えていることになります。

　ひとつの手続きで関連する作業を完結させたり、商品を購入できるようなサービスをワンストップ・ショッピングサービスといいますが、まさにアマゾンは究極のワンストップ・ショッピングサービスを実践していると言えます。

■隠れた顧客のニーズをつかむ方法

　破壊的イノベーションは、顧客の隠れたニーズに対応していることがほとんどです。ということは、隠れたニーズを上手につかむことができれば、市場を席巻するような破壊的イノベーションにつながるかもしれません。
　そこで顧客のニーズについて考えてみましょう。

　著名なマーケティング学者の一人、セオドア・レビットは、顧客の真のニーズは意外なところに隠れていると述べています。
　たとえば、母親が「子どものためにピアノを買いたい」と言って購入を検討している場合、ピアノのニーズは、子どもにあるように見えます。
　しかし、実は必ずしも子どもがピアノを弾きたいと思っているわけではありません。つまり、真のニーズが、子どもを喜ばせることではなく、母親自身のステータスを上げることにある場合もあるのです。

　また、意外なニーズという点では、学研（学習研究社）の『大人の科学』を事例としてあげることができます。
　かつて学研は、小学生の各学年向けに『科学』と『学習』という2種類の雑誌を発行していました。学年ごとの学習内容に合わせた内容で、『科学』には、蟻の巣を観察できるセットやピンホールカメラを作るためのセットなど実際に観察や実験ができる付録もついていました。当時は、数百万部という発行部数を誇っていたこれらの雑誌も、価値観の変化や少子化などの影響から長期休刊に追い込まれてしまいました。

しかし、実は、この雑誌には意外なニーズが潜んでいました。

子どものために買った雑誌なのに、その親たちが自分の小学生時代を思い出して付録作りに夢中になったり、もう一度、『科学』の付録を作ってみたいという隠れたニーズがあったのです。

そこで豪華な実験付録がついた『大人の科学』が発売されました。現在、季刊誌として毎回、平均7万部が発行されています。

●アンケートには表れない声を探る「ビッグデータ」

Episode6で見たように、アンケート等を通じて顧客の声に耳を傾けることは、マーケティングで重要な作業です。しかしそればかりにとらわれすぎると、意外にも企業を窮地に陥れることもあるのです。

そこで最近、注目されているのが、**ビッグデータの活用**です。

ビッグデータとは、数百テラバイト（1テラ＝約1000ギガバイト）以上の膨大なデータのことです。

日本IBMによると、毎日、全世界で2.5エクサバイト（1エクサバイト＝約10億ギガバイト）ものデータが生成されているそうで、単純計算で毎日ブルーレイディスク10億枚分の情報が生成されていることになります。

> すごい量！！　でもどう使えるのか、見当もつきません…

　ここで言う「データ」とは、各企業が記録しているPOS（Point Of Sale system＝販売時点情報管理）データや顧客情報等、さらにはFacebookやTwitter等のソーシャルメディア上でユーザーが書き込んだ発言も含まれます。

　マーケティングでは、顧客や消費者に関する有益な情報を得るために、これまでにも「データマイニング」や「テキストマイニング」といった手法が使われてきました。
　ただし、これらは、企業主導で行ったアンケート調査やコールセンターでの顧客とオペレータとのやり取りの記録など、あくまでも企業がなんらかの意図をもって集めたデータを分析の対象としています。もちろん、これらも有益な情報ではありますが、やはり、顧客全体の不満や要望をすべて拾い上げることはできません。しかも、些細な不満などは企業に直接伝えず、FacebookやTwitterなどのソーシャルメディアでつぶやかれる場合のほうが多いのです。
　そこで、そうした<u>自発的なつぶやきなどをデータととらえて解析し、顧客満足度の向上につなげよう</u>という動きが出てきたのです。

> たしかにアンケートで出てこない生の声は製品開発に貴重ですね

　ビッグデータが日本で注目され始めた頃は、解析の技術をもっている企業は非常に限られていました。そのため、ローソンやサンリオなどの日本の大手企業がわざわざ米国の専門解析業者に共同出資を行ったりしていました。

　しかし最近になって、日本でもNECや富士通などがビッグデータ事業に乗り出すなど本格化の動きがみられるようになりました。

　ビッグデータ活用やテキスト解析については、費用対効果が見えづらいという指摘もありますが、将来、ビッグデータ解析が普及するにつれ、価格などの面で中小企業にとって使い勝手の良いシステムになっていくことでしょう。

革新的な商品を生み出し続ける会社の秘密

　市場を支配するには、破壊的なイノベーションによる革新的な商品でなければなりません。では、革新的な商品を生み出すには、どのような要素が求められるのでしょうか。

> スティーブ・ジョブスみたいな天才が1人いればいいんじゃ？

　そうとも言えないんですよ。誰かひとりに頼っていては、継続的に革新的な商品を生み出すことはできないからです。

　英国を拠点とする家電メーカーのダイソンは、紙パック不要のサイクロン式掃除機や羽根がない扇風機など、革新的な商品を生み出し続けている企業です。

　また、米国を拠点としてインターネット検索エンジン事業を行う

グーグルも、Google Earth や Google マップをはじめ、革新的なサービスを数多く提供しています。国内企業では、小林製薬も「あったらいいなをカタチにする」のスローガンのもと、ネーミングや効能がユニークな商品を数多く発売しています。

これらの企業は、それぞれに自由な社風が根付き、ユニークな取り組みをしています。

● **自由な社風が遊び心を育てる**

ダイソンは、エンジニアたちにインスピレーションを与えるきっかけづくりとして、業務時間外に普段の業務とは違うチャレンジを課しています。たとえば、ラジコンロボットレース「ダイソンボールチャレンジ」もそのひとつです。これは、エンジニアたちにダイソン製の掃除機の部品を使ってリモコンで動くボールを作成させ、速さを競わせるイベントです。直接、同社の業務とは関係ないところでエンジニアの技術力を発揮させることで、柔軟な思考力を養おうというわけです。

楽しそう!!

社員自身が楽しめることも大事です。

グーグルも、独特な社風が根づいていることで知られています。シリコンバレーのオフィスには、社内移動用のキックボードが置か

れ、世界各国の料理が味わえる無料の社員食堂やフィットネスジムが充実しています。

　また日本法人オフィスでは、一部の部屋が銭湯のような作りになっていたり、会議室に「富士山」や「屋久杉」といったユニークな名前がついていたりと、遊び心がふんだんに取り入れられ、グローバル企業らしからぬ雰囲気を演出しています。また時間の使い方についても、従業員は、週のうち1日は自分が気に入ったプロジェクトに時間を使うように義務づけられているなど、独自のスタイルが見られます。

　小林製薬は、「熱さまシート」「のどぬーる」「トイレその後に」など、名前を聞いただけで使用法や効果がわかる独特なネーミングで知られています。

　その自由な発想は、社風にも表れているようです。そのひとつが、社員や役員の呼び方です。一般的に、企業では、「〇〇部長」「〇〇主任」などと役職名をつけて役職者を呼びますが、同社では、フラットな社風で自由に意見を出せるように会長や社長も含めてすべて「さん」づけだそうです。

　また、仕事で成果を出した社員には、社長から直接「ホメホメメール」と呼ばれるお祝いのメールが届くそうです。ちょっとしたことではありますが、社長から直接褒められた社員は、モチベーションが上がり、一層、業務に励むと考えられます。

　これらは、一見、マーケティングとは関係ないように見えますが、こうした自由な社風は、自発的なブレーンストーミング（後述）を活発化させ、画期的なアイデアを生み出す基礎となっていると考えられます。

■新しいアイデアを生み出す思考法

　ビジネスで成果を上げるには、新しいアイデアが求められます。さて新しいアイデアを生み出すには、どのような方法が考えられるでしょうか。

　たとえば、**クリエイティブ・シンキング**（創造的思考）を用いるのも一案です。これは、従来のフレームワーク（思考の枠組み）にとらわれず、あらゆる可能性に目を向けて、自由な発想をする思考法です。

①ブレーンストーミング

　クリエイティブ・シンキングを具体的に進めるには、ブレーンストーミングなどの方法があります。ブレーンストーミングとは、複数のメンバーが集まり、アイデアを自由に出し合うことです。脳を「嵐」のように使うのでストーミング（storming）の名があるようです。これまでの常識などを気にせず、一般的には「ありえない」と思えるようなことでもどんどんアイデアを出していくと良いでしょう。

　ブレーンストーミングには次の4つの鉄則があります。
（1）質より量を重視
　　アイデアが出てきたらどんどん発言することが重視されます。
（2）他人の意見への便乗もOK
　　良い意見が出たと思ったら、それに自分の意見を追加して充実させる方法も考えられます。
（3）突飛なアイデアでもOK
　　こんなアイデアを言ったらバカにされるかもしれない、などと

躊躇せず、どんどん発言することが大切です。
（4）他人のアイデアにケチをつけない
　アイデアを出し合うのがブレーンストーミングの目的ですから、他人のアイデアを否定するより、自分がアイデアを出すことに専念すべきでしょう。

②KJ法

　KJ法では、まず与えられたテーマに関して各メンバーがそれぞれのアイデアをカードに書き、カードを並べてグループ分けなどをしながら、図式化や文章化を行う手法です。

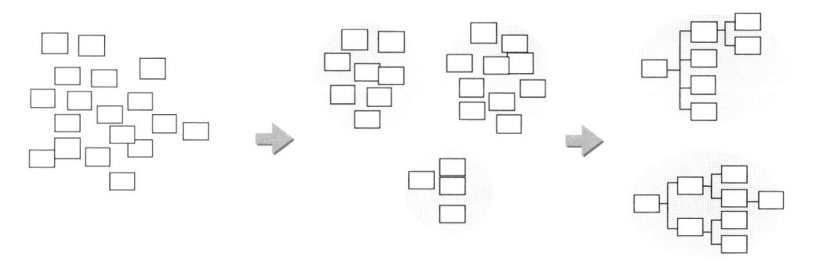

　発案者である川喜多二郎（Kawakita Jiro）氏のイニシャルから、この名前がついています。

③ゴードン法

　ゴードン法は、ウィリアム・ゴードンが考案したアイデア発想法で、ブレーンストーミングの一手法とも言えますが、最初に与えられるテーマが抽象的であるという特徴があります。

　ブレーンストーミングでは、はじめから「これから流行するレストランについて」というように、具体的なテーマを参加者に与えますが、この場合、固定概念にとらわれることも少なくありません。そこで、ゴードン法では、テーマの根本的な（抽象的な）部分だけ

を取り出して参加者に告げるわけです。たとえば、新しくレストランのアイデアを出し合う際に、参加者にはレストランではなく、最初に「食べる」とだけ伝えておきます。そして、テーマについてアイデアが出尽くしたところで、参加者に「レストラン」と告げて考えを絞り込んでいくことになります。

ラテラル・マーケティング/ラテラル・シンキング

　クリエイティブ・シンキングの一例として、ラテラルシンキングがあげられます。爆発的なヒット商品は、ラテラルシンキングによって生み出されることが多いです。

　ラテラルシンキングとは、日本語に直せば「**水平思考**」のことで、既存の制約を考慮せず自由な発想で考えることです。一方、既存のものを土台にして論理的に思考することは、バーティカルシンキング（垂直思考）と呼ばれています。

　ラテラルシンキングを用いたマーケティング手法が**ラテラル・マーケティング**です。

　コトラーは、既存の枠を超えた製品を作り出す手法としてラテラル・マーケティングを推奨しています。

　喫茶店とインターネットを組み合わせたサイバーカフェや、オーディオ機器に携帯性とインターネットを組み合わせたiPodなどがラテラル・マーケティングの代表例です。

　その他、コトラーは、シリアルバーもラテラル・マーケティングの産物と指摘しています。従来、シリアルは、朝食として、牛乳をかけて主に子どもが食べるものというイメージが定着していました。それを、もち歩くことができる形にして、朝食だけでなく、いつで

episode 6　お客の声は聞くな！

も好きな時に手軽に食べられるようにしたわけです。その意味で、この製品は、シリアルの常識を覆したことになります。

　また、最近、糖質を制限するダイエットを補助する食品として圧倒的に糖分が低いパンや麺類などが流行っていますが、うどんの食感を再現した「こんにゃくうどん」なども既存の枠を超えた商品という意味ではラテラル・マーケティングの産物と言えそうです。

　ラテラル・マーケティングによる商品はまだまだあります。
　たとえば、少し前に「食べるラー油」が流行りました。本来、ラー油は調味料であって、餃子を食べるときに少し垂らす、などというイメージしかありませんでした。それを、「ラー油は調味料ではなく、おかずである」という発想の転換が起こったわけです。この発想の転換により、ラー油は餃子にかけるだけでなく、ごはんやパスタ、サラダなど、さまざまな食材とともに食べる、というアイデアが生まれました。そしてそのために、従来のラー油よりも食材をやや大きめにカットしたり、食べやすい味にするなどの工夫が施され、ヒットにつながったのです。

　もちろん、ラテラル・マーケティングは食品だけに限りません。
　たとえば、ここ数年、「メディカル・ツーリズム」が台頭しています。メディカル・ツーリズムとは、文字通り、医学的な検査や治療を目的とした旅行です。本来、旅行は、観光地を見物したり、その土地の文化に接するために行うものでした。メディカル・ツーリズムでは、高度な人間ドックなどの健康診断や病気の先端治療を受けることなどがメインの目的です。ホテル並みの病室に宿泊し、近隣の観光地も日程の中に組み込まれています。これも、従来の旅行の概念を覆した点では、ラテラル・マーケティングの一種と考えられます。

革新的な商品を生み出せ！

◎ウルトラ・パスタのイノベーション例

（１）バーティカル・シンキングによるイノベーション例

　①うどんやそば、そうめん、きしめん作りなど、さまざまな麺類に応用しやすいようにカッター幅を工夫
　②ところてんや、こんにゃくうどん作りなどに応用できるように改良
　③マシーンの軽量化を図る

（２）ラテラル・シンキングによるイノベーション例

　①パスタマシンの生産技術を紙の小型シュレッダーに応用
　②生地を伸ばす部分を、餃子の皮やクレープ生地などを作りやすいように改良
　③味つけ海苔などを砕いてふりかけやミンチができるように改良

episode 7

ソーシャルメディアを「宣伝」に使うな！

キー、パタン…。
　いつもは、騒々しくドアを開ける結衣が珍しく静かにドアを開けて企画室に入ってきた。
「あ、おはよー、結衣ちゃん。どうしたの？　今日はおしとやかだネ」
　愛想良く話しかける田辺の横を通り抜け、結衣はまっすぐ自分の席に向かった。
「ククククッ！　やってくれましたよ。アイテムちゃん」
　結衣は、今にも吹き出しそうなのを押し殺すように口に手を当て、前かがみになって小さいガッツポーズを繰り返している。
「綾瀬さん、どうしたの、珍しく静かに入ってきたからホメてあげようと思ったのに。アイテム社が何をしたって？」
　長身のるみ子がすっくと立ち上がりざまに、軽いジャブを放った。
「なんと、アイテム社のツイッターがぁ、炎上したみたいなんですっ！」
「えー？　なんでまた」。
　一同から驚きの声が漏れた。

episode 7　ソーシャルメディアを「宣伝」に使うな！

「社員が、ツイッターでパスタとかパスタマシーンに関するつぶやきを投稿している人全員にアイテム社のマシーンを宣伝するメッセージをつけて返信したみたいなんですよね」
　るみ子は、早速、アイテム社のツイッター画面を確認した。
「ほんとだわ。ツイート画面が、返信した宣伝文だらけになってる」

　確かに、「アイテム・マシン」なるユーザー名のツイート画面には、まるでコピーペーストしたかのように、同じような文章が並んでいた。文章の内容は概ね次のようなものだ。

> 「パスタおいしいですよね？　食べに行くのもいいですが、自分でオリジナルのパスタを作るのも楽しいですよ　→ (http://www..............)」

「これは…、すごい、っていうか、ヒドイ、つうか……」
　田辺は画面を見て絶句した。
「それにしても、タイミングよく見つけたわね。不都合が起きるとコメントやアカウントを削除するケースが多いから、よほど頻繁にチェックしないと見逃すことが多いのに」
　るみ子が、感心した様子で結衣に微笑んだ。
「でしょ？　私、＜イノベーターのジレンマ＞対策しようと、同業他社のSNSを毎日見てたんです。毎食後にチェックしてたら、これを見つけちゃって。ふふっ」
「それとイノベーターのジレンマは関係ないと思うけど。まあ、いいわ」

「君たちも気づいたか」
　山本が、るみ子が見ている画面を覗き込むように言った。
「部長、ご存じだったんですか？」
　結衣が、驚いたように丸く目を見開いた。
「ああ。たぶん、ツイッターをキャンペーンに使ったのは初めてだったみたいだな」
「そういえば、米トヨタが、SNSのキャンペーン問題でユーザーの批判を受けてましたね。スーパーボウルに関するツイートをしたユーザーにキャンペーン参加を促すツイートを返信したとかで」
　るみ子が、記憶を辿りながら言った。
「そうなんだ。結果的に多くの人に無差別に同じ宣伝文章を送りつけたわけだから、スパム扱いされたようだ。もし返信するなら、相手のツイート内容やプロフィールを考慮して、それぞれに合ったツイートを返信すべきだっただろうな」
「そういえば、どこかのコーヒーチェーンもキャンペーンで初めてツイッター使ったとき、２時間で強制終了してましたね。方法は米トヨタと似た感じで、ユーザーやツイッターの運営側からスパムと見なされたんでしたっけ」
　田辺も、２人の会話に合流した。

「もー！　この情報、私がもってきたのに、みなさんのほうが詳しいんですもん！　なんだかなぁ……」
　うらめしそうに見る結衣に、田辺がすかさずフォローを入れた。
「でも、今日、結衣ちゃんがビッグニュースをもってきてくれたのはお手柄だったよ」

episode 7　ソーシャルメディアを「宣伝」に使うな！

「ありがとうございますー。じゃあ、部長、うちもツイッターやめましょう。キャンペーンの文章を載せるたびにピクピクしないといけませんよ」
　結衣が、胸の前で両手を組んで、おびえるしぐさをしている。
「いや、SNSの活用自体は、時代に合っているんだよ。いまや2人に1人がスマートフォンをもつ時代だ。ツイッターは日本で1300万人以上の人たちが見ている。
　問題は使い方だ。宣伝文を一方的に送られれば、誰だって気分が悪くなる。**SNSで丁寧にコミュニケーションをとっていけば、強力なファンづくりにつながる**んだ」
「今回は、一方的に画一的なメッセージを送ってしまったのが間違いなのよ。
　　SNSはコミュニケーションツールのはずなのに」
　るみ子が眼鏡を外して結衣に言った。
「ということは…。
　そうか、わかったー！
　部長、わかりました。期待してってください！」
「なんだ、藪から棒に」
「アイテム社に対抗する方法です。
　墓穴を掘ってくれたとはいえ、ぶっちぎりにしなくっちゃ。
　でも、この方法で、勝ったも同然〜♪」

「おい、まだミーティング中だぞ」
　鼻歌混じりで企画室を出る結衣に、山本の声は聞こえなかった。

成功するインターネットプロモーション

Episode7 は、いかがでしたか？

> こんなひどいプロモーションされたら、その会社嫌いになりそう

そうですよね。

インターネットを使ったプロモーションは、「諸刃の剣」と言えます。うまくいくと爆発的な売上につながることがありますが、その反面、使い方を間違えると消費者の不評を買い、修復が大変難しくなる場合もあるからです。世界的に名の知られた企業でも、SNSやブログが炎上したケースは珍しくありません。

特にSNSやブログが本格的に普及した「Web2.0」時代以降、このような傾向が強くなっています。

ここでは、企業がインターネットを使って活動する場合に、特に対消費者という点で考慮しておくべきことについてお話ししましょう。

episode 7　ソーシャルメディアを「宣伝」に使うな！

バイラル・マーケティングとバズマーケティング

　インターネットが普及してから特に「**口コミ**」が重要視されるようになりました。

　口コミを上手に操作できれば、広告費をかけずに製品などを広めることができます。しかし一歩間違えば、悪い評判も一気に広まってしまいます。

　広告も全く出していないし店舗も非常に小さいのに、常に行列ができるラーメン屋。人里離れた立地で交通の便も悪く、しかも一泊何万円もするのに何か月も先でしか予約がとれない高級旅館。

　非常に不思議ですが、こういった話は枚挙にいとまがありません。これは口コミの成せるわざです。

> そういうお店のほうが、おいしそうに感じたりお得感があるんです

　初めて何かを購入するとき、自分だけで決めるのは不安、という消費者は結構多いものです。その製品の使用経験者や知識をもつ知人に意見を求めることになります。新製品や高額製品では消費者の不安が大きく、特にこの傾向が顕著になります。

　口コミは、身近な人による「宣伝」です。もとから自分が信頼を寄せている人の宣伝ですから、広告やパブリシティよりも効力があります。

　製品に限らず、病院、弁護士、幼稚園などを選定する場合も口コミが重要視される場合が多いです。

　またインターネットの普及に伴い、化粧品、映画、旅行、病院などさまざまな製品・サービスに関する「口コミサイト」が広がりを

見せています。

　オンラインショップで買い物する場合、現物を見ないまま購入を決めなくてはなりませんが、すでに購入したユーザーのレビューは、「準経験情報＊」として参考にされる傾向があります。レビューを記入している人たちとは顔見知りではありませんが、数多くの人たちのさまざまな意見を参考にできます。

> 店の一方的な宣伝でなくて信頼できるので、よく見ます

① バイラル・マーケティング

　アメリカでは、口コミを積極的に利用したマーケティングが行われてきました。バイラル・マーケティングといわれるものです。

　バイラルはバイラスの形容詞形です。バイラスとは virus（ドイツ語ではウイルスと発音します）のことです。

　<u>企業側が製品の噂が広がるような仕掛けを人工的に作り、インターネット上で、メールやSNSなどのコメントを通じてまるでウイルスが自己増殖するように顧客から顧客へと製品等の評判が次々に転移していく</u>効果を狙ったマーケティング戦略です。

　バイラル・マーケティングの成功事例としては、走りともいえる「ブレア・ウィッチ・プロジェクト」や、無料で利用できる電子メール「ホットメール」などが知られています。

　いまでは、多くのウェブサイトでバイラル・マーケティングの仕掛けが見られます。

　楽天やアマゾンなどのオンラインショップでは、各商品ページに、

＊経験情報に準ずる情報。経験情報とは、製品の風合いや着心地、味など、その製品を実際に試してみて、初めて得られる情報。

episode 7　ソーシャルメディアを「宣伝」に使うな！

「友達にメールで勧める」と書いたリンクが貼られていたり、「シェアする」という文字の隣に Facebook など SNS のアイコンが掲載されています。もしユーザーが、閲覧した商品に興味をもって誰かに紹介したいと思えば、非常に手軽に広めることができるわけです。

　また、若者に最近人気で急激に利用者を伸ばしている LINE は、Facebook と連携していたり友達を囲い込む共有メールなどの仕掛けがあるので、バイラル・マーケティングのツールとして活用の幅が広がっています。

　また、最近では、**フラッシュモブ**（flash mob）という手法を用いたバイラル・マーケティングも見られます。

　フラッシュモブとは、街頭などで複数の人が突然、踊りや歌などのパフォーマンスを行うことです。たとえばベルギーのある駅では、映画「サウンド・オブ・ミュージック」のドレミのうたを数人が歌い始め、その人数がどんどん増えていき、最後は駅構内全体がミュージカルの舞台のようになりました。突然、その場面に遭遇した人たちは、驚きと感動で携帯電話で写真を撮ったり、ツイッターなどで発信することになります。

- カップルの男性が、相手の女性に駅で突然プロポーズ。それを居合わせた人たちが祝福（日本）
- 街中で立ち止まって日の丸を掲げる。震災に遭った日本人を励ます目的（カナダ・モントリオール）
- 街中で突然オーケストラの演奏が始まる（ドイツ・スペイン・ブルガリアなど）

　バイラル・マーケティングには、アフィリエイト・プログラムという手法もあります。

自社製品の宣伝希望者を募り、希望者のウェブサイトに自社製品のバナー広告やリンクを貼らせます。そのバナーやリンクを見つけた人が自社製品を購入した場合、購入金額に応じてポイントや現金が支給されます。このようなアフィリエイト、つまり相互提携により売上を伸ばす手法を**アフィリエイト・マーケティング**といいます。

> それってヤラセじゃないんですか？

　やり方によっては問題が生じることもあるので、倫理が重視されます。
　またバイラル・マーケティングは良いことばかりとは限りません。ネガティブな効果もあります。インターネットを通じて、悪い評判が流れる可能性もあります。良い評判がウイルスのように広がるのであれば、悪い評判も同様に広がる可能性があるということです。

② バズマーケティング

　バイラルマーケティングが企業側の発信によるものに対し、ある話題がネット上で盛り上がり、それがきっかけで製品へのコメントを誘発することを利用するマーケティングもあります。これは、バズマーケティングと呼ばれています。
　バイラルマーケティングとバズマーケティングの定義はさまざまで統合されてはいませんが、大まかに言えば、バイラルマーケティングは企業側が仕掛けを作り、メールやSNSなどを通じて口コミを人工的に起こさせることに重点が置かれています。一方、バズマーケティングは、ユーザーの自然発生的な話題の盛り上がりに重点が置かれています。ちなみにバズ（buzz）とは、蜂などがはばたくときに出すブーンという音のことです。

episode 7　ソーシャルメディアを「宣伝」に使うな!

　ところで最近では、ひとつの事象が現れるとそれと同等の事象が相次いで現れるという現象が起きています。

　たとえば爬虫類ペットが発見されると、相次いで同じような事件が起きます。商品も同様に、あるひとつの商品がヒットすると、同等の商品が相次いでヒットするという傾向も見られます。

　たとえば、Facebookの登録者数が急増している時期には集中的にFacebookの本が何十冊も出版され、LINEが流行れば多くの雑誌でLINE特集が組まれるといったことも一例です。

> 食べるラー油も、いなばのタイカレーももちろん食べました!

　このような事象は、ある種の**シンクロニシティ（共時性）**と見ることができます。

　筆者はこうした事象を利用するマーケティングを「シンクロニシティ・マーケティング」と呼んでいます。インターネットが普及し高度化するにつれて、このようなマーケティングの有効性が高まるのではないかと推察しています。

プロシューマーの出現

　バイラルあるいはバズマーケティングが効果的であるということは、それだけ消費者の影響力が強くなっていることを意味します。プロシューマーも、そのような背景から生まれた概念です。

　プロシューマー（prosumer）とは、プロデューサー（producer：生産者）とコンシューマー（consumer：消費者）とを組み合わせた造語です。未来学者のアルビン・トフラーがその著書『第三の波』で提唱したことで有名になりました。

> 第三の波？　何の波のことですか？

　第三の波とは、第一波の農業革命、第二波の産業革命に続く情報革命を意味します。現在はまさに、この情報革命の真っただ中といえるでしょう。情報革命の時代では、消費のあり方も大きく変わっていきます。

　かつては、少品種大量生産が主流でしたが、いまや多品種少量生産が主流。規模の経済性[*1]より、多様化の経済性[*2]が大きな意味をもち始めています。消費が多様化、個性化し、大衆という概念が影をひそめ、小衆、分衆という概念が台頭してきました。

　そして、高度情報化時代においては、消費者は受身の存在ではなくなりつつあります。特にインターネットという双方向性をもつ情報ツールを手にした消費者は、むしろ自らのニーズやウォンツを製品に色濃く反映させたいという欲求をいだくようになったのです。

　そして衣服、時計、バッグなど、多くの製品群において、自ら提案したり組み合わせたりして、独自に考案した製品を購入する消費者、すなわちプロシューマーが増えてきました。

　トフラーが予言したように、現代では生産と消費の垣根のあいまい化が生じているのです。

●消費者との協働で生まれた生産・開発体制

　パソコン業界で有名なデル社などが先導するBTO（Build To Order、注文生産）という生産・販売システムも、プロシューマー

＊1 同一の製品を大量に生産・提供することで、製品1単位当たりにかかるコストが大幅に低下すること。
＊2 消費の多様化、個性化を前提とした場合、共通インプット（多様な製品間で共通に使われる部分）が大きければ、単に画一的な製品を大量生産して規模の経済性を狙うよりも、他品種少量生産をしたほうがかえって経済的になるということ。

の存在に支えられたものと言えます。

　パソコンに精通した消費者が既製のPCでは満足できず、CPU（中央演算処理装置）、メモリ、ハードディスク、ディスプレイ等々のパーツを自らの好みや要求に応じて組み合わせ、独自の完成品に仕上げて購入できるシステムを選択するようになったのです。

　このようなBTOの形式は、CTO（Configure To Order、注文仕様生産）、あるいはATO（Assemble To Order、注文組立生産）と呼ばれることもあります。

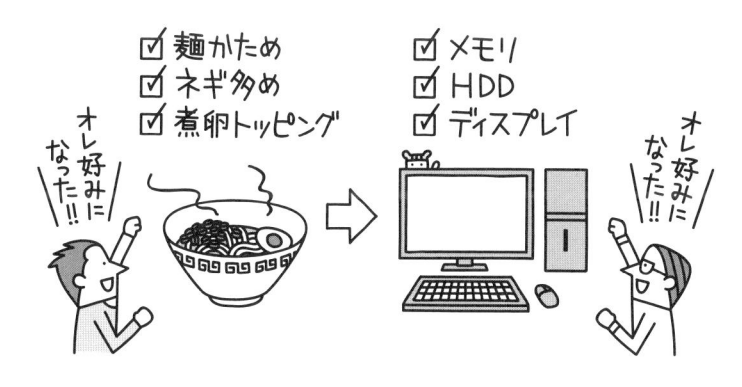

　なお最近では、Webの進化により、消費者がよりサイバープロシューマー（コンピューター・ネットワークを活用するプロシューマー）化する傾向も見られるようになりました。

　たとえば、サッポロビールは、Facebookを通じて、「仕事を終えて帰宅後に飲むビール」というコンセプトで新製品を消費者と共同開発しました。この背景にもサイバープロシューマーの台頭があるといえるでしょう。

プッシュ戦略からプル戦略へ

　Episode7 で、アイテム社はSNSを通じてプッシュ戦略を採ってしまいました。これが炎上の原因と考えられます。

　28ページでお話したように、プッシュ戦略とは、「押す（push）」つまり顧客に商品を強く勧めることです。逆に、商品をうまく宣伝して顧客に興味をもたせることは「引きつける（pull）」戦略と呼ばれています。

①　積極的に売り込むプッシュ戦略

　簡単にいえば、企業側から顧客個人へ積極的にアプローチする手法です。

　リアルでは対面で販売員などが積極的に商品の売り込み（推奨）を行い、その上で顧客に商品を購入させます。また、インターネットを利用して不特定顧客へのe-メールの送信をすることも、これに当たります。

　プッシュ戦略では、オプトアウト[*1]であることも多いです。このようなメールは顧客にとって事前に承諾したものではないため、迷惑メール（Spam Mail）となることもあります。

　個人情報保護法[*2]等に違反する場合には企業イメージの大幅なダウンにつながることもありますので、注意が必要です。

　しかし、知名度が低い商品の販売や商品を確実に売りさばきたいときにはある程度有効性をもつ場合もないとはいえません。

＊1 相手に事前承諾なしにメールやダイレクトメールを送ること。事前に承諾を得る場合は、オプトインと呼ばれる。

＊2 2005年施行。5000名以上の個人データを保有する企業に対して、個人情報漏えい防止、個人情報の不正取得の禁止など個人情報の取り扱いルールを定めた法律。

プッシュ戦略では、顧客に商品やサービスの良さを理解させることがポイントです。メーカーが流通チャネルに積極的に働きかけることに重点が置かれます。主に次の場合に有効とされています。

①ブランドロイヤルティ（ブランド忠誠）が弱い
②ブランドの差別化があまり図られていない
③商品を衝動買いさせたい

　人的な要素が大きいため、リアルでは小売業者→消費者のプッシュ戦略の場合、店頭での質疑応答が可能です。場合によっては価格面での融通が利くなどのメリットもあります。
　また最近では、チャットアプリのLINEを使ったプッシュ戦略も見られます。この場合は、ユーザーに許可を得たオプトインの形をとりますので、ユーザーの抵抗感も低いといえます。

②　消費者のニーズに迫るプル戦略

　プル戦略とは、消費者側から「ほしい」と強く思わせるしかけを行う手法です。
　たとえばメーカーによる商品プロモーションにおいて、商品イメージなどを向上させる。そして消費者側からの需要を起こさせる。すると、消費者自らが商品ブランド名を指名して購買する。このように、一連の動きにより消費者を購買に誘導するのです。
　プル戦略は、良い商品イメージを植えつけ、知名度を上げることに力を注ぎます。そのイメージ作りが商品のブランド化を招き、大量売上につながることも期待できます。
　すでに商品に対するブランドロイヤルティが高い場合やブランドの差別化が図られている場合には、有効な戦略となります。

なお、ソーシャルメディアは、消費者（ユーザー）の意思に基づいて利用されるものなので、**消費者の本音のニーズに対応したアプローチが可能となり、プル戦略のほうに向いています。**

　また、ソーシャルメディア上で大量に交わされているさまざまな会話内容(ビッグデータ)を分析してそれらを製品開発やマーケティングにおけるプル戦略に活用する動きも出ています。

　映画やドラマで、有名な俳優や女優が使っている商品が爆発的に売れることがあります。

　偶然そうなることもあるのですが、意図的に企業側が商品を提供していく手法もあります。つまり映画や小説の小道具として自社の製品を目立つように使ってもらう手法です。これは**プロダクト・プレイスメント***といいます。

　プロダクト・プレイスメントは特に米国で盛んです。

　これまでにも「ミッション・インポッシブル」「プラダを着た悪魔」など数多くの映画でこの手法が用いられています。

　近年、コマーシャル離れが起きているため、テレビの番組と番組の間ではなく、番組のなかで商品を宣伝したほうが顧客に届く確率がぐんとアップするというわけです。

*映画やドラマの小道具として自社の製品を目立つように使わせる手法。

episode 7 ソーシャルメディアを「宣伝」に使うな！

マーケティングでは、この両方をうまく使い分けることが重要です。現実にはプッシュ型のプロモーションだけを単独で行うケースはまれで、プル型マーケティングと組み合わせて行われることがほとんどです。プッシュ型マーケティングでは、個人情報保護の観点からも問題になることがあります。そのため、徐々にプル型マーケティングに比重を移す企業も増えています。

なお、顧客の承諾をひとつひとつ確認しながら見込み客を絞り込み、最終購買へと結びつけるマーケティングを**パーミッション・マーケティング**と呼びます。

AIDMAからAISASへ

これまでのマーケティング論では、消費者が商品の購入にかかわる意思決定過程は、一般に**AIDMA**（**アイドマ**：Attention, Interest, Desire, Memory）を使って説明されていました。

しかし、インターネットユーザーが商品とかかわるプロセスは、AIDMAでは十分には説明できないのではないかとの指摘が出てきたのです。

ユーザーがネットを通じて買い物をする場合の流れを考えてみましょう。

何かの商品に注意を向け（Attention）、興味や関心をもったら（Interest）、まずネット上でその商品の内容や評判などを検索します（Search）。たとえば、健康食品だったら、どんな原材料で、どんな機能・効果があるか、他の同等商品と比べて価格はどうか、それを買った人は、その商品をどう評価しているのか、などです。よほどの特殊な商品でない限り、これらの情報はネット上で簡単に得る

ことができます。

　ユーザーが検索した情報を分析して納得したところで、やっと商品を購入します（Action）。購入後、自分が商品を使用した感想をネットに投稿するユーザーもいるでしょう。さらにその情報が他の使用者とシェア（共有）され、バズ（buzz）が起きることもあります（Share）。

　このように考えていくと注意（A）→興味・関心（I）ぐらいまでは従来の購入プロセスと同じですが、そこから先は、まるで違うことがわかります。

　そこで登場したのが、日本最大の広告会社、電通が提唱した**AISAS**（アイサス）モデルです。これは、次のような流れです。

注意（Attention）

興味・関心（Interest）

検索（Search）

購買（Action）

共有（Share）

AIDMAは、消費者が商品を購入したところで終結しますが、AISASモデルでは、その後に「共有（Share）」という行動が追加されています。

　たとえば、書籍を購入して読んだ後の感想をAmazonなどの書籍販売サイトに「レビュー」として投稿するわけです。

　これまでにも、先に述べたような「口コミ」によって、商品購入後の情報は共有されていましたが、その範囲は、家族や友人、知人などごく限られた範囲でした。しかし、インターネットの普及によって、一消費者のレビューを、不特定多数の人々で共有することが可能になったのです。

◎ウルトラ・パスタのAIDMA例

A（Attention）
インターネットのバナー広告で「ウルトラ・パスタ」を見て「パスタは自宅でも作れる」ということを知る。

I（Interest）
パスタのレシピサイトを見ていると、「ウルトラ・パスタ」を使ったパスタのレシピを見つけて、興味をもつ。

D（Desire）
友人が実は「ウルトラ・パスタ」を使っていることを知り、「自分も使ってみたい」と思う。

M（Memory）
行動ターゲティング広告＊により、繰り返し「ウルトラ・パスタ」を目にすることによって、商品名が記憶に残る。

A（Action）
「ウルトラ・パスタ」の販売サイトを検索し、商品を購入する。

＊広告の対象となる顧客の行動履歴によって、顧客の興味を推測して配信する広告。

ユーポート社で考えると

episode **8**

Cash Cow は変えるな！

アイテム社は、騒動の翌日にお詫びの文章をオフィシャルサイトに掲示し、ツイッターのアカウントを一時停止して、体制を立て直す旨を発表した。
　一方ユーポート社では、SNSでは宣伝色は出さずユーザーニーズを探ることに専念した。

　それから3か月後、上層部からの指示で、ウルトラ・パスタを改良して売上の拡大を目指すことになった。
「アイテム社をぶっちぎりにするためには、この手しかありません」
　結衣は、これまでにも増して力強い口調で言い放った。
「この手ってなに？」
「うん、うん、知りたいなー、結衣ちゃん」
　るみ子と田辺が口々に結衣に疑問を投げかけた。
「ウルトラ・パスタは、気軽に使えるパスタマシーンとして作られたんですよね。それで機能をシンプルにして、値段も相場より抑え目にした」
「そうよ。それをどうするの？」
「これです！」
　結衣は、用意していた提案書をメンバーに配った。それは2枚つづりで、パスタマシーン市場の現状と、結衣の提案が箇条書きで書かれていた。
「現在、家庭用パスタマシーンは、ご存じのように2つのグループに分けることができます。
　3000円前後から8000円ぐらいで、機能も最低限の低価格グループと、1万円前後から3万円前後ぐらいの高価格グループです。電

episode 8　Cash Cow は変えるな！

動のものや洗えるものはこの価格帯です。カラーバリエーションもかなり豊富です。
　うちのマシーンは、3,800円で低価格グループに入りますが、高価格グループのマシーンに改変するというのが私の案です。
　価格は高価格グループの最低ラインの8,800円程度にして、カッターなどの部品を取り外して丸洗いできるようにしたいと考えています！」

「確かに、丸洗いできるっていうのは魅力だわね」
　るみ子が、珍しく結衣の意見を認めた。
「そうですね。基本的に調理器具は水洗いして使うというイメージがあるのに、パスタマシーンは濡れたフキンで拭くのも厳禁なのでちょっと困りました。他にも似たような感想をもつユーザーは多いようです」
「日本で流通しているのはほとんどイタリア製で、日本製でも洗える製品は少ないからな」
「だから、洗えるパスタマシーンは、重宝がられると思います！」

「洗えるようにするんなら、結構、大がかりな改変だから開発部と相談が必要だな。
　たぶん、コストのことを指摘されると思うが、これについてはどう考える？」
　山本の質問に、結衣はあらかじめ用意していた答えを返した。
「はい。現在、うちのマシーンは3種類の幅のカッターをつけているので、これを2種類にしてはどうかと思います。あとは、部品の仕入れ数を増やして単価を落としてもらうよう交渉する方法も考えられます」
「おー、結衣ちゃん、いろいろ考えてるねー。ただ、カッターが3種類ついてるのが、うちの売りだったんで、そのあたり、どうなんだろう？」
「はい。ほとんどの低価格マシーンのカッターは2種類が普通なので、3種類のカッターがついているのは魅力的ではあります。でもアンケート調査では、8割以上がカッターは2種類しか使っていないという結果が出ていましたよね」
「なるほど。よく考えたな。提案としては悪くない。差別化できるという意味では、『弱者の戦略 *』として的は射ている」
「でしょー？　でしょー？　もう、めちゃくちゃ考えたんですからっ！」
　結衣が、両手を胸の前で手を握り締めながら飛び跳ねんばかりにアピールする。

「ただ、Cash Cow を変えて失敗した例もある」

＊ランチェスター経営で、市場で2位以下の企業がとる戦略。

episode 8　Cash Cow は変えるな！

「キャッシュ買う……？　FX？　違うか…、なんですか、それ？」
「キャッシュ、つまり現金を運んでくれる牛、日本語では、金のなる木と呼ばれている。安定的に利益を狙える製品のことだ。
　これを変えた例として、コカコーラがあげられる。1980年代半ば、創立100周年を機にコカコーラのレシピを変えて、従来と違う味のニュー・コークを作ろうとした。でも結局3か月弱で、この計画はとん挫してしまったんだ」
「なんでまた、そんなことをしたんですか？」
「当時、ペプシにシェアを奪われていたからといわれているわ」
　るみ子の眼鏡レンズがきらりと光った。
「ブラインドテストでペプシが勝ったんだったよな」
「しかし、ニュー・コークは消費者には不評だった。
　また、ファストファッションのGAP（ギャップ）がロゴを変えた例がある。これも結局、1週間もせずに元に戻った」

「うーん。**改善しようと思ってやったことが、消費者には改悪に映った**ってこと、ですか？」
「結果的にはそういうことだな。こういう事例はほかにもある。一度、成功しているものを変更する場合は、注意が必要なんだよ」
「えー、でも、このまま何もしないと、アイテムにやられちゃうじゃないですか！　部長もいい提案って言ってくれたのに…」
　結衣は、まだ言い足りないようだったが、両目をぎゅっとつむって自分を抑えた。
「いい提案であることに変わりはない。みんな、綾瀬くんの案をベースにして、それぞれに対応策を考えてみてくれ」

ライバルをぶっちぎる販売戦略

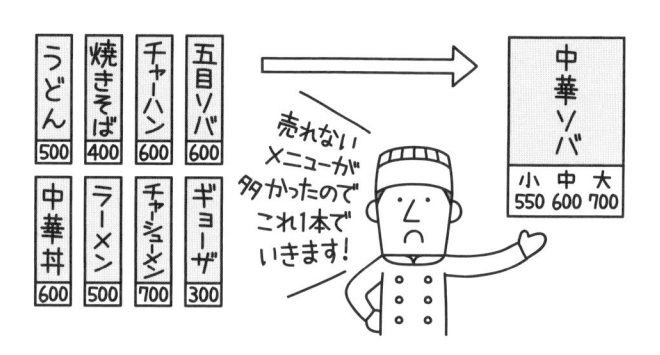

うどん 500	焼きそば 400	チャーハン 600	五目ソバ 600
中華丼 600	ラーメン 500	チャーシューメン 700	ギョーザ 300

→

中華ソバ
小 550 中 600 大 700

売れないメニューが多かったのでこれ1本でいきます！

Episode8 はいかがでしたか？

Cash Cow は、自社に多大な利益をもたらしてくれる「金のなる木」ですから、むやみに変えると大きな損失になると山本部長は言いたかったのでしょう。

Cash Cow は、PPM（下記参照）のひとつで、そのまま日本語にすると「現金牛」ですが、実は、商品の区分には、これ以外にも面白いネーミングがあります。早速見てみましょう。

◼ プロダクト・ポートフォリオ・マネジメント（PPM）

マーケティング戦略を効果的に実践するためには、自社における各製品の適切な位置づけが必要となります。

製品の区分の方法としてよく知られているのが、プロダクト・ポートフォリオ・マネジメント（PPM：product portfolio management）です。これは、ボストンコンサルティンググループ

episode 8　Cash Cow は変えるな！

が提唱した考え方です。

　ポートフォリオとは、配分という意味です。

　つまり自社の多様な製品を位置づけ（ポジショニング）、それを元に戦略を立てる手法です。

　製品の位置づけに基づいて経営資源（ヒト・モノ・カネ）の配分を決定します。その巧拙によって企業の命運が大きく左右されることになります。位置づけはマトリックス上に行います。

プロダクト・ポートフォリオ

	市場シェア 高	市場シェア 低
市場の成長率 高	①Stars 花形商品	③Wild cats/ Question marks （問題児）
市場の成長率 低	②Cash cows （金のなる木）	④Dogs （負け犬）

縦軸：市場の成長率　横軸：相対的市場シェア

① Stars（花形製品）

　今、最も勢いのある製品です。市場自体が成長し、しかもそのなかで高いシェアを維持している製品です。企業にとってはまさに花形というべきでしょう。

　しかし、市場全体の成長に自社製品の成長が遅れをとるようなら問題です。しばらくは Cash cows からの安定的な資源供給が必要となります。

② Cash cows（金のなる木）

　市場自体の成長性は未知です。しかし、これまでに着実に利益をあげてきた製品です。企業は、この安定的に資金を背負って運んできてくれる「牛」を大切にしなければなりません。

　今後、市場自体の成長があまり見込めないので、市場のシェア争いは一応勝負あったという感じです。もちろん、油断禁物ですが。企業としては、このCash cowsをしっかり守らなくてはなりません。Episode8で紹介したように、「時代遅れになった」などの理由で安易に変えようとすると、消費者の反感を買うこともあり得ます。そこで企業はCash cowsを守りながらも将来を見据え、StarsやWild catsなどを次なるCash cowsに育てるような資源配分が必要となります。

③ Wild cats（問題児）

　市場の成長率は高いのに、シェアがうまく取れない製品です。この商品の将来性は未知数です。Question marksと呼ばれるのはそのためです。

　この製品は、将来のCash cowsとなる可能性とdogsになる可能性が相半ばしている状態です。企業としては製品の将来性を見極めながら堅実な資源配分が求められます。

④ Dogs （負け犬）*

　ここに位置づけられた製品はシェアを取りきっていないばかりか、市場全体の成長すら見込めないという状態です。そのため典型的な単純化、つまり切り捨て対象の製品と言えます。

＊「負け犬」はunderdogsという英語があるが、ボストンコンサルティンググループではdogsを採用し、この考え方が日本に入ってくるときに「負け犬」という訳がつけられた。dogsには「哀れな、惨めな、くだらない、ひどく粗悪なもの」等の俗語的な意味がある。　例）die like a dog「惨めな死に方をする」

episode 8 Cash Cow は変えるな！

ただし「枯れ木も山の賑わい」というように、その存在が企業の Merchandising（製品化計画）上、重要な意味をもつ場合もあります。その場合は、多少採算がとれなくても、その状態のまま温存しておくこともひとつの戦略と考えるべきでしょう。

ネット販売においては、ロングテール*の考え方のもと、いわゆる死に筋商品でも、それが集まって大きな売上となる場合があるので、必ずしも切り捨ての対象とはならないようになってきています。

> それぞれに戦略を考えるんですね

またちなみに、各社が有するブランドに関してもポートフォリオ戦略がとられます。これを**ブランド・ポートフォリオ**といいます。各ブランドについて個別にてこ入れする方法と、コーポレートブランド自体を向上させて製品全体の売れ行きを良くする方法の2通りがあります。

製品のライフサイクル（PLC）

製品には、人と同じく寿命があります。多くの製品が、新製品として市場に出され（導入期）、徐々に売上が伸び（成長期）、一般に広まり（成熟期）そしてやがては陳腐化して市場から消える（衰退期）という経過をたどります。

マーケティングの世界ではこうした製品がたどる「一生」を「ライフサイクル」と呼んでいます。この経過を曲線化したものは「ライフサイクル曲線」と呼ばれています。

*従来は採算に合わないと切り捨てられてきた商品でも、無数の商品品目の売上を寄せ集めると無視できないほどの大きな売上になるという現象。

ライフサイクル曲線

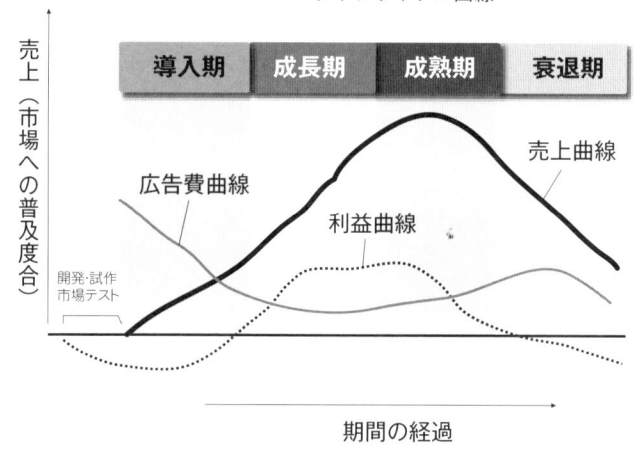

売上（市場への普及度合）

導入期　成長期　成熟期　衰退期

広告費曲線
利益曲線
売上曲線

開発・試作
市場テスト

期間の経過

　マーケターは、こうしたライフサイクルにおける各時期の特徴を踏まえて戦略を立てる必要があります。

　右ページの表は、それぞれの時期の特徴や主な購買者層、基本的に採られる戦略をまとめたものです。
　表中の「主な購買者層」は、エレベット・ロジャース＊がイノベーター理論で分類した購買者の種類です。その内容は次のとおりです。

①**イノベーター**（innovator－革新者）2.5％
　　新製品の評価がまだ明確になっていないうちに購入してしまう。
②**アーリー・アダプター**（early adopter－少数初期採用者）
　　13.5％
　　進歩的な考えをもち、友人や家族などに影響力のある人達です。
③**アーリー・マジョリティ**（early majority－前期多数者）34％
　　この購買層は他人が買って評価が出てきた時点で購入。

＊米国の社会学者、スタンフォード大学教授

④**レイト・マジョリティ**（late majority －後期多数者）34%
新製品・新サービスには懐疑的になる層で、製品・サービスがかなり普及しないと購買行動を起こさない。

⑤**ラガード**（laggard －遅滞者）16%
伝統を重視し、新しいものには容易に飛びつかない傾向がある。

ライフサイクルにおける各時期の特徴

	売上高	利益	主な購買者層	基本戦略
導入期	低い、不安定	広告費や開発費などで相殺され、赤字	・イノベーター ・アーリーアドプター	広告を多く打ち、商品の認知度を高め、販売促進に力を入れる
成長期	急激な上昇カーブを描く	コストを吸収し、最大になっていく	・アーリーマジョティ	他者との差別化を図り、自社製品の良さを訴える販売促進を行う。また次期製品導入の準備を開始する
成熟期	上昇→成長ストップ→下降	緩やかに減少し始める	・レイトマジョリティ	コスト削減の努力を行い、売上高と利益の確保に努める。また、このころから、次期商品の計画にも着手する
衰退期	下降の一途を辿る	激減し、再び赤字になることも	・ラガード	卸値を下げるなどのコスト努力を行う。また、製品自体をリニューアルし、製品寿命を長引かせたり、10個単位で売るなど販売単位を増やしたりすることで売上を確保する

新製品の普及とキャズム理論

テスト・マーケティング*1で良い結果が出ても安心できない場合があります。

それを端的に示しているのがキャズム理論です。

キャズム理論は、米国のジェフリー・ムーア*2が提唱した理論です。ムーアは、E.M.ロジャースが唱えた普及プロセスに一石を投じたことで有名になりました。製品が一般に普及するためには、キャズム（深い溝）を越える必要があるというのです。

普及プロセスでは、普及過程に沿って市場が二分されています。

キャズムの手前は初期市場でイノベーターとアーリー・アダプターで構成される市場です。その後がメインストリーム市場で、これはアーリー・マジョリティやレイト・マジョリティによって構成されています。つまり、この2つの市場の間にキャズムが存在するというのです。

普及プロセスのキャズム

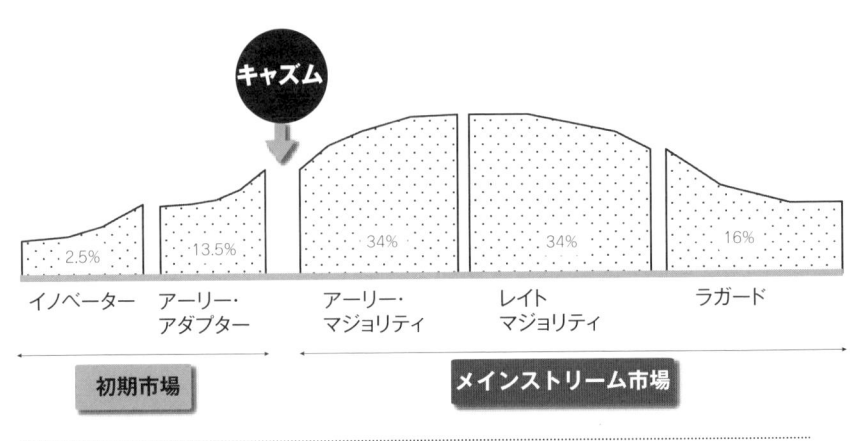

区分	割合
イノベーター	2.5%
アーリー・アダプター	13.5%
アーリー・マジョリティ	34%
レイト・マジョリティ	34%
ラガード	16%

初期市場：イノベーター、アーリー・アダプター
メインストリーム市場：アーリー・マジョリティ、レイト・マジョリティ、ラガード

---

*1 新製品を試験的に販売して、生産計画などの参考にするマーケティング手法。
*2 マーケティングコンサルティング会社キャズムグループ代表。

episode 8　Cash Cow は変えるな！

> 大きな山になる前に溝があるんですねー　どうしてですか？

　キャズムの前に位置する「アーリー・アダプター」と「アーリー・マジョリティ」の購買態度がまったく異なることが、キャズムが存在する理由のひとつです。
　アーリー・アダプターは、新し物好きで、新製品への抵抗もあまり大きくありませんが、アーリー・マジョリティは、人より遅れたくはないものの、ある程度の人たちが使っていなければ、なかなか手が伸びないのです。つまり、両者には少なからず心理的なギャップが存在するのです。

●**キャズムを越えるには**
　製品がイノベーターやアーリー・アダプターに受け入れられたからといって安心はできません。

> 溝を越えられれば大きな山になるチャンスがあるってことですか？

　キャズムを越え、広く深く市場に浸透するには、<u>まずアーリー・マジョリティに受け入れられる方策をとる必要</u>があります。

　ここで問題なのは、先にお話ししたようにアーリー・アダプターとアーリー・マジョリティは購買態度が全く異なることです。
　しかし、アーリー・マジョリティに受け入れられなければ、イノベーターやアーリー・アダプターに製品に受け入れられたからといって、市場攻略が成功したということにはならないのです。
　このキャズム理論は、特にハイテク業界等の技術進歩が著しい業界においては重要な理論です。

つけ加えると、アーリー・マジョリティへの急速な普及を促し、大ブームを生じさせるマーケティングを「**トルネード・マーケティング**」と呼ぶ人もいます。

ブランド力を高める４つの要素

ブランド・エクイティ（brand equity）は、ブランドを金銭的な価値のある資産とみなし、それがもつ資産価値を意味します。エクイティとは、もともと財産価値や所有権を意味する言葉です。

> ブランド力は、お金ではかれるんですねー

ブランド・エクイティを高めるためには、常にブランド・コントロールを行い、全社的に下記のような努力をする必要があります。

①　ブランド認知を高める

ブランド認知（brand awareness）とは、そのブランドを消費者が知っているということです。

具体的には、「車を買うなら日産かトヨタ」、「オーディオ製品なら、パイオニアかDENON」というように、消費者が製品を購入しようとする際に、そのブランドが候補に上ることをいいます。ブランド認知を高めることはブランド・エクイティの向上に直接結びつきます。

②　ブランド連想のバリエーションを増やす

ブランド連想（brand association）とは、そのブランド名を見たり聞いたりしたときに、消費者が抱く「想い」を指します。

episode 8　Cash Cow は変えるな！

　それは、「シャネルやグッチは高級品」「ユニクロはカジュアル」というイメージ的なものから、「就職したときに初めて買った靴はリーガルだった」という個人的なものまで含まれます。**ポジティブなブランド連想を顧客に抱かせる**ことがブランド・エクイティの向上にとって重要です。

　ブランド連想の代表的なものとしては、ブランド・アイデンティティとブランド・パーソナリティがあります。

　ブランド・アイデンティティとは、企業がブランド構築を進める際に、事前に創造し、発信し、維持したいイメージのことです。

　またブランド・パーソナリティとは、人間の個性と同様に、ブランドの個性を擬人化してとらえるものです。たとえば、「誠実」「前向き」「洗練されている」「ゴージャス」「素朴」「上品」「女性らしい」などがそれです。

③　知覚品質を高める

　知覚品質（perceived quality）とは、顧客の視点から見た製品の品質を指します。

　ここで注意すべきは、知覚品質と本当の品質は常に一致するとは限らないという点です。

　たとえば、歯磨き粉の場合、どんなに虫歯予防の効果が高くても、見た目には他の歯磨き粉と変わらなければ、顧客がそれを理解しているとは限りません。

　メーカーと消費者の間に知覚品質で乖離が生じることも少なくありません。メーカーはこのことを肝に命じておく必要があります。

④ブランドロイヤルティ

　ブランドロイヤルティ（brand loyalty）とは、先に述べたように、

ブランドに対して消費者がもつ忠誠心です。具体的には、ある特定ブランドを選択する度合のことをいいます。

　一般に、ブランドロイヤルティには、次の３段階があります。

a. **ブランド認知**：ブランド認知とは、消費者が製品を購入する際に、知らないブランドばかりのときに、そのなかから知っているブランドを選ぶという程度のものです。

　この場合は、それほどロイヤルティが高いとまでは言えません。

b. **ブランド選好**：ブランド選好は、知っているブランドどうしの場合に、自分がより好ましいと思っているほうのブランド製品を選ぶことです。ブランド認知より、そのブランドへの忠誠心が高いと考えられます。

c. **ブランド固執**：ブランド固執は、どんなブランドがあろうとも、そのブランドしか買いたくないという場合です。かなりブランドに忠誠心が高いです。

　グッチへの忠誠心が高い「グッチャー」シャネルへの忠誠心が高い「シャネラー」は、ブランド固執の段階にいる消費者と言えます。

```
     1.ブランド認知     2.ブランド選好     3.ブランド固執
    ─────────────────────────────────────────────
      低          ブランドロイヤルティ          高
```

　ブランド・エクイティは、不祥事など企業イメージを落とす事態が起きるとマイナスに転じる場合がありますので注意が必要です。

◎ウルトラ・パスタのアーリー・マジョリティ対策

（1）ユーザーを対象とした、「ウルトラ・パスタ」を使ったレシピのコンクールを行い、ネット上、特に Facebook、Twitter、YouTube などのソーシャルメディアで宣伝する。

（2）「ウルトラ・パスタ」がアーリー・マジョリティを含む一般消費者の目に留まりやすくするため、取扱い店舗数の増加に努める。

（3）料理研究家や人気の料理ブロガーに「ウルトラ・パスタ」を使ってもらい、その感想を雑誌やブログの記事などとして取り上げてもらう。

episode
9

自前のプロモーションは捨てろ！

結衣の指摘どおり、ユーザーアンケートでは3種類のカッターのうち2種類しか使っていないという意見は多かった。ただし、それは使用歴が短いユーザーの回答で、使用歴が長いユーザーは場面に応じて3種類のカッターを使うと回答していた。

そこで開発部と相談して、カッターの種類は現状維持で、ブラシなどの掃除用キットを付属品に加えた。価格は4,300円だが3か月間は3,800円に据え置くことになった。

「洗えるマシーンはできませんでしたね。あーあ」

結衣は、がっくりと肩を落とした。

「でも、専用キットが付くと掃除はしやすくなるわよ。綾瀬さんの提案の賜物ね」

るみ子が、ニッコリ微笑みながら結衣を励ました。

「あれー どうしたの？ るみさん。結衣ちゃんをホメたりして」

「いいじゃない。いい案はいい。それだけよ」

るみ子は、右手で眼鏡をかすかに上げた。るみ子が照れた時に見せるしぐさだ。

「よし、そろったかな？ ミーティング始めるぞ。

episode 9　自前のプロモーションは捨てろ！

　みんなのおかげで、製品の新コンセプトが固まった。ありがとう。3か月間は価格を据え置くが、その後は通常価格となる。そこをどう乗り切るかが問題だな」
　早速、結衣が手を上げた。
「はーい！　あのー、パスタマシーンを使ってみて思ったんですけど、パスタっていってもいろんな種類があって、結構、粉の調合とかめんどくさくて。うどんやそばなんかも挑戦しましたが、意外にうまくいかないので途中でやめそうになりました。
　で、うちの『ウルトラ・パスタ』専用にブレンドしたミックス粉を作るってのはどうですか？」
「なるほどー、実際に使ってみたからこそ、出てくる貴重な意見だよね」
　相変わらず、田辺が調子良く合いの手を入れている。
「確かに、パスタマシーンって、楽しそうだけど本当に食べられるものができるのか、という不安をもつ人は多いかもしれないわね」
　るみ子もまんざらでない様子だ。
「確かにその考え自体は悪くないが、うちは家電メーカーで、粉のブレンドは専門外だ」
　結衣の意見は良いと思ったが、山本は現実的な立場をとらざるを得なかった。
「あー、やっぱ厳しいですかねー」
　すかさず山本に賛同するところが、田辺らしい。
「じゃあ、マーケティング部で引き受けるとか。ダメですか〜？」

「うちぐらいの規模で手を拡げると、あとがきついんだ。日本の大手家電メーカーでさえ、自前主義で失敗したからな」

「どういう意味ですか？」
　結衣は、山本の発言の意味がよく理解できなかった。
「いま、日本の大手家電メーカーの業績が停滞しているのは知っているよな。原因は韓国や中国の台頭なんだが、問題は日本が韓国や中国の追撃を受けている理由だ。その原因のひとつに、閉鎖主義、自前主義があるといわれている」
「うーん、部長、もっとわかりやすくお願いします！」
　結衣の訴えに、山本は少しペースを落としながら、さらに説明を続けた。
「日本メーカーはなんでも自社でやってしまおうとしていた。社内で進めたほうが質の高い製品ができると考えられていたんだ。確かに以前はそれで成功していた。
　一方、韓国や中国などのメーカーでは、世界各国から最新技術や部品を取り入れて自社製品に組み込む方式が主流だ。すでに出回っているものを使うから短期間で優れた製品を作り上げることができるんだ。これだとコストを抑えられるし、スピードも速い」
「あー、なるほど。部長の説明の意味はわかりました。
　でも日本のメーカーは、他社任せにせず自分たちで良いものを創ろうとしているんだから、その姿勢はいいじゃないですか」
「しかし、それでは広がりがなくなってしまう。最近成功している企業は、オープン主義のところが多いんだよ。
　たとえばハローキティで有名なサンリオは、ライセンス先には、かなり自由にデザインを使わせている」
「ああ、そういえば、ドクロやゾンビのキティがありますね」
　結衣の顔が、パッと輝いた。
「話を戻すが、現実問題として、社内でミックス粉の手配は無理だ

episode 9　自前のプロモーションは捨てろ！

ろう」
「部長のお話は、よーくわかりました。でも、何かやらないと！何とかなりませんか？」
「どこかとコラボできたらいいんだけど……」
　るみ子は、結衣の頑張りをみて、何とか案を実現できないかと思考を巡らせていた。
「**コラボ？**」
「ほら、よくあるじゃない。コンビニでも有名シェフプロデュースの弁当とか出てるよね」
「うーん、あるある」
「ね？　だから、有名レストランとか老舗のうどん・そば屋とコラボでレシピを作って、製粉会社に話をもち込むってのはどう？」
「フードプロセッサーのときにお世話になったシェフに声をかけてみたらどうかな」
　田辺も、話に乗ってきた。

「うわぁ～ん！」
　結衣が突然、大きな声を上げた。
「どうしたの？」
「だって、みなさん、いろいろ考えてくださって。ぐすっ、ありがとうございいす」
「何言ってるんだ。泣くのはこの案が実現してからにしろ。
　よし、田辺はシェフに当たってみてくれ。綾瀬くんと中村くんは企画をまとめてくれ。いいな」
「はい！」
　メンバーたちの元気良い返事が、企画室に鳴り響いた。

さらに拡げるマーケティング

Episode9はいかがでしたか？

　自社でなんでもやろうとする結衣さんに、山本部長は自前主義や閉鎖主義のデメリットを話し、るみ子さんや田辺くんのアイデアで他社とのコラボという考えにたどり着きました。

> コラボって、大きいことができる気がして、響きがいいですよねー

　自社で責任をもって取り組むという姿勢は、悪いことではありませんが、それが高じるとかえって競争力を失う可能性が高くなってしまいます。Episode9のなかでも出てきたように、自前主義は、日本の家電業界などに見られる傾向です。

自前主義のデメリット

　最近、家電メーカーをはじめ日本企業の凋落が著しいことが話題

episode 9　自前のプロモーションは捨てろ！

になっています。たとえば、2012年3月期決算では、パナソニックやソニーなど世界でも名だたる家電メーカが軒並み大幅赤字を余儀なくされました。

その原因のひとつに自前主義があることは、もはや常識といって良いでしょう。自前主義とは、文字通り、すべてを自社や自社グループで調達し、責任をもって完成品に仕上げるという考え方です。これは、いわば「モノづくり大国＝日本」のcreed（信条）でした。

> それが「キャッシュカウ」の元になったんじゃないんですか？

しかし、グローバル化が進んで他力活用型の**オープンイノベーション**思考をもつ企業が有利になっていったのです。

かつては日本の技術が先導していた液晶テレビも、2011年には世界シェアの1位、2位を韓国メーカーに独占され、日本メーカーは、ソニーとパナソニックのシェアを合わせても1位のサムスン電子の半分にも満たないという状況でした。

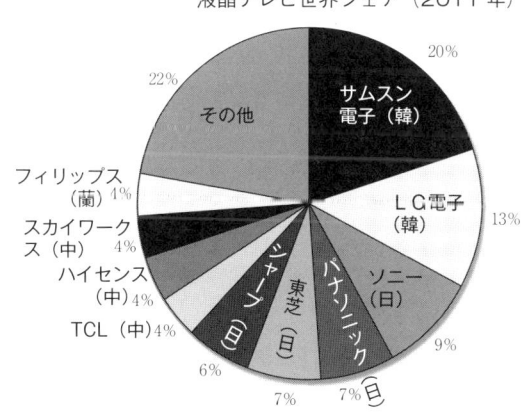

液晶テレビ世界シェア（2011年）

- サムスン電子（韓）20%
- LG電子（韓）13%
- ソニー（日）9%
- パナソニック（日）7%
- 東芝（日）7%
- シャープ（日）6%
- TCL（中）4%
- ハイセンス（中）4%
- スカイワークス（中）4%
- フィリップス（蘭）4%
- その他 22%

Displaybank Report「月刊FPD TV出荷データ」をもとに筆者作成
（ ）内は、本拠地の略号。韓＝韓国、日＝日本、蘭＝オランダ、中＝中国

このことは一般家電だけにとどまりません。むしろ、スマホなどの次世代を牽引するような先端技術製品において、その傾向はいっそう顕著となっています。
　この分野では、日本メーカーはファウンドリー＊という「他力」の活用面で大きく出遅れたからです。そのことが、日本メーカーのこの分野でのサバイバルを危うくすることは明らかです。

　では、自前主義はなぜ企業の競争力を削ぐのでしょうか。
　他を当てにせず、また信頼もせず、資源の限られた自力のみに頼るやり方は、もはやグローバル市場で展開される迅速性・機敏性をめぐる競争の時代にはそぐわないものになっているからです。

　Episode9 で結衣が提案したパスタマシーン用のミックス粉は、実際に存在します。
　Siroca ブランドのホームベーカリーやパスタマシーンを生産しているオークセールと日本製粉が共同でパスタミックスを開発しています。消費者にとっても、家電メーカーが作ったというより製粉会社とコラボで作ったというほうが、より安心感が高まるでしょう。「餅は餅屋」というように、上手に「他力」を使ったほうが製品の価値も消費者の評判も上げることにつながるのです。

＊台湾などに見られる大手半導体受託生産企業

オープンイノベーション

　オープンイノベーションは、製造業にのみ当てはまると考えられがちですが、実は、それ以外の業界でもオープンな考え方が取り入れられています。

　特に顕著なのがコンテンツ業界です。ここで言うコンテンツとは、映画やアニメ、キャラクターなどを指します。

　日本の輸出産業の将来を危惧する声も多いですが、日本のコンテンツは、近年、海外で高い人気を得ています。たとえば、「ドラえもん」や「巨人の星」などのアニメも世界数十カ国で放映されています。そのほか、「シャル・ウィ・ダンス」「リング」など日本でヒットした映画がハリウッドでリメイクされた事例も多いです。

> ピカチュウも一時期アジアで大人気でした！

　こうした背景から2010年7月、経済産業省は、アニメやマンガなどに加え、ファッション、食、地域産品、観光などを「クリエイティブ産業」と名づけ、戦略的な海外展開を狙いとした「クール・ジャパン戦略」を始動しました。

　しかし、高い人気の割には、国内コンテンツの海外輸出比率はわずか5％と米国（17.8％）の3割にも満たず、必ずしも収益に結びついていません。

　また、国内で人気が高いコンテンツでも、必ずしも海外で受け入れられない場合もあります。登場人物がセクシーであったり宗教的な理由があったりなど、国内ではあまり意識されなかった文化の問題が壁となったのです。

●キャラクターを「開放」せよ

　こうした問題の解決のヒントとなるのが、エピソード中にも登場した、サンリオが開発した「ハローキティ」の事例です。

　ハローキティは、現在、109の国・地域に進出しています。ファストファッションの草分けであるZARAやH&Mなどとも提携し、世界的に有名なロックバンドKISSとのコラボも話題を呼びました。

　サンリオは、ライセンス契約*を結んで基本的なデザインを提供し、自由にアレンジして売り出すことを許可しています。デザイナーたちは各地の文化に合わせた製品を制作できます。

　この方式を始めた2007年には同社の利益は62億円でしたが、2011年には149億円と大幅に伸びています。

　また最近、バーチャルキャラクター「初音ミク」が世界的な活躍を見せています。これはもともと音声合成ソフト「ボーカロイド」のキャラクターで、ソフトにメロディと歌詞を入力して歌わせることができます。キャラクターは動画などでも自由に使えるため、ユーザーが思い思いの歌を歌わせた動画がYouTubeなどに数多くアップされています。

　この2つの事例から、両者の成功の秘訣はイノベーションの手法にあると考えられます。

　具体的に言えば、どちらの例でも<u>キャラクターを「開放」</u>したオープンイノベーションの形態で成功していることがわかります。「郷に入れば郷に従え」というように、それぞれの文化に応じてコンテンツを変化させることが求められるというわけです。

---

*特許、意匠（デザイン）、商標などの権利を有する者が、その利用を希望している者に対して利用許可を与える契約。契約においては、使用内容、期間、金額などの条件が定められる。

episode 9　自前のプロモーションは捨てろ！

コラボプロモーション

　近年、長引く不況のなか、給与所得は減る傾向にあります。このような時期には、消費者は一定の質は求めつつも、できるだけ安い商品を購入しようとします。企業もこれに応えようと、こぞって低価格商品を導入して、それを前面に出したプロモーションを展開してきました。

　しかし、Episode4でも述べたように、低価格戦略は、いかにコストを削減するかが焦点となり、結局のところ企業の体力勝負となってしまいます。しかも低価格を前面に押し出す戦略が継続すると、消費者はそれ自体に慣れっこになってしまうため、低価格で刺激しようとすれば、企業側はさらなる値下げ競争を余儀なくされ、ますます利幅が逓減するハメに陥るというわけです。

　かつて牛丼の価格戦争が話題となりましたが、値下げを重ねるうちにマスコミで取り上げられる頻度が減り、売上も落ちていったという経緯があります。

　特にプライスリーダー*がいない業界は、低価格の連鎖が起きると大きく疲弊してしまいます。価格訴求型一辺倒のプロモーション戦略には、こうした思わぬ陥穽（落とし穴）が待ちうけているのです。

　そこで、徐々に頭角を現してきたのが、価格とは異なるところをアピールするプロモーション、とりわけコラボプロモーションです。

　コラボプロモーションとは、非価格訴求型プロモーションのひとつで、**異なる企業同士が連携してプロモーション（促進）を行う手法**です。

*その業界で価格を先導する企業。市場シェアや売上高などで業界トップの企業が事実上のプライスリーダーとなる。反対にプライスリーダーの価格に追随する企業はプライスフォロワーと呼ばれる。

それには少なくとも、次の2つの類型があると考えられます。

① 話題誘発型コラボプロモーション
② シナジー誘発型コラボプロモーション

① 話題誘発型コラボプロモーション

①の具体例としては、缶コーヒーのBOSSとソフトバンクの「コラボCM」があります。

缶コーヒーと携帯（スマホを含む）という意外な組み合わせが、登場人物の共有と相まって不思議な物語性をアピールすることに成功しました。

> ああ、宇宙人と白戸家のですね。妙だった、あれ。

また、ドラえもんとトヨタのコラボCMも話題となりました。おなじみのキャラクターがトヨタの車とともに登場することで、親近感を演出しています。

Episode 7で紹介したように、消費者が購買に至る過程は、AIDMA（アイドマ）と呼ばれています。消費者はまず、商品に注意（Attention）を向け、興味（Interest）をもち、その商品を欲しいと思い（Desire）、記憶に残った（Memory）後、購買（Action）に至ります。

コラボCMは、特に最初のA、I、M（AISASの場合は、A、I）に強く働きかける効果が期待されます。

episode 9　自前のプロモーションは捨てろ！

②　シナジー誘発型コラボプロモーション

　②の具体例としては、モスバーガーとミスタードーナッツがタッグを組んだ「モスド」、ビックカメラとユニクロが展開を始めた「ビックロ」などがあります。

　また全国的にDVD・CDレンタルを展開しているTSUTAYA（ツタヤ）は、Book&Caféというコンセプトのもと、スターバックス、カフェ・ド・クリエといったカフェとのコラボ店舗を展開しています。「モスド」はファーストフードという、いわば同業種間のシナジー誘発型コラボプロモーションであり、「ビックロ」やTSUTAYAは、異業種間の事例と見ることができるでしょう。

> ただ、コラボってすごく下準備が大変な気がします…

　新しい試みですから、双方の理解と協力が必要にはなるでしょうね。ただ、期待されるメリットがそれ相応にあります。

　話題誘発型コラボプロモーションの利点は、価格以外の点で話題を呼ぶことで消費者サイドの関心を高め、企業イメージや認知度を高めたり、新たな需要を喚起させることができる点にあります。

　また、シナジー誘発型コラボプロモーションは、提携する<u>企業同士が互いに強みを出し合うことで、単独でのプロモーションよりも双方にとってはるかに大きな効果、すなわちシナジー（相乗）効果が期待できる</u>点にあります。

　いまのところ、こうしたコラボプロモーションは限定的な試みにとどまっていますが、コラボCM、モスド、ビックロなどが成功すれば、同様の手法が多くの産業分野に広がっていき、新たな市場の獲得（これまでとは異なる客層の取り込み等）や価値の創発（ハイ

ブリッド型新商品の開発等）につながるかもしれません。

コラボプロモーションの事例

コラボ企業	コラボ内容
藤子・F・不二雄プロ × トヨタ自動車	アニメ「ドラえもん」とトヨタ自動車のコラボCM
ソフトバンク × サントリー	缶コーヒー「Boss」とスマートフォンのコラボCM
ワーナー・ブラザース × ロッテ	映画「るろうに剣心」とロッテのガム「Fits」のコラボCM
コンサドーレ札幌 × 講談社「週刊モーニング」	北海道内の書店（170店舗）において、サッカー漫画『GIANT KILLING』と共同企画販売キャンペーン
TSUTAYA × スターバックスコーヒー	TSUTAYAの店舗内にスターバックスコーヒー店舗を設置のうえ、共同でプロモーション
ビックカメラ × ファーストリテーリング	ビックカメラとユニクロのコラボ店舗「ビックロ」の展開
HMV × ローソン	ローソン店舗内にHMVのCD・DVDショップを併設のうえ、共同でプロモーション

◎ユーポート社のコラボの事例

（1）イタリアンレストランとコラボでパスタのミックス粉を開発

（2）うどん、そば店とコラボでうどん、そばのミックス粉を開発

（3）料理教室とコラボでパスタのレシピを開発

（4）玩具メーカーとコラボで「ウルトラ・パスタ」の子供用マシーンを開発

◆主な参考文献

川喜田二郎（1970）『続・発想法』中央公論新社
クレイトン・クリステンセン（2001）・玉田俊平太訳『イノベーションのジレンマ』翔泳社
齋藤順一（2009）「会社は『ゆでガエル』のようには死なない」『ITmediaエンタープライズ』（http://www.itmedia.co.jp/enterprise/articles/0905/08/news068.html）2009年5月8日更新、2013年6月1日検索。
澤田秀雄（2012）『運をつかむ技術』小学館
柴田友厚、玄場公規、児玉文雄（2002）『製品アーキテクチャの進化論』白桃書房
新宅純二郎・江藤学編著（2008）『コンセンサス標準戦略』日本経済新聞出版社
フィリップ・コトラー（2002）・恩蔵直人監訳・月谷真紀訳『コトラーのマーケティング・マネジメント 基本編』ピアソン・エデュケーション
フィリップ・コトラー（2004）・恩蔵直人監訳・大川修二訳『コトラーのマーケティング思考法』東洋経済新報社
マイケル・ポーター（1982）、土岐坤訳『競争の戦略』ダイヤモンド社
マイケル・ポーター（1985）、土岐坤訳『競争優位の戦略』ダイヤモンド社
宮﨑哲也（2006）『フィリップ・コトラーの「マーケティング論」がわかる本』秀和システム
宮﨑哲也（2011）『最新マーケティング戦略の基本がよ くわかる本』秀和システム
2011年10月4日、Financial Times「『イノベーションのジレンマ』に負けたコダック」

■著者略歴
宮崎　哲也（みやざき　てつや）

大阪国際大学教授。
福岡大学大学院商学研究科博士課程修了。大学でマーケティングやビジネス関連の講義を担当するとともに、経済、経営関係の執筆・講演活動を行っている。

【主な著作】
『最新マーケティング戦略の基本がよくわかる本』（秀和システム）
『フィリップ・コトラーの「マーケティング論」がわかる本』（秀和システム）
『コトラーのマーケティング理論が面白いほどわかる本』（中経出版）
『新しい大衆『ロウアーミドル』はこうしてつかめ！格差時代を生き抜くマーケティング』（PHP）
『図解でわかるWeb2.0マーケティング』（日本実業出版社）　ほか多数

本書の内容に関するお問い合わせ
明日香出版社　編集部
☎(03) 5395-7651

はじめての「マーケティング」1年生（いちねんせい）

2013年　9月14日　初版発行
2018年　4月24日　第10刷発行

著　者　宮崎　哲也（みやざき　てつや）
発行者　石野　栄一

〒112-0005 東京都文京区水道2-11-5
電話 (03) 5395-7650（代　表）
　　 (03) 5395-7654（FAX）
郵便振替 00150-6-183481
http://www.asuka-g.co.jp

■スタッフ■　編集　小林勝／久松圭祐／古川創一／藤田知子／田中裕也／生内志穂
　　　　　　営業　渡辺久夫／浜田充弘／奥本達哉／野口優／横尾一樹／関山美保子／
　　　　　　　　　藤本さやか　財務　早川朋子

印刷　株式会社フクイン
製本　根本製本株式会社
ISBN 978-4-7569-1648-8 C2034

本書のコピー、スキャン、デジタル化等の無断複製は著作権法上で禁じられています。
乱丁本・落丁本はお取り替え致します。
©Tetsuya Miyazaki 2013 Printed in Japan
編集担当　藤田知子

誰でもすぐにできる 売上が上がる キャッチコピーの作り方

堀内 伸浩 著

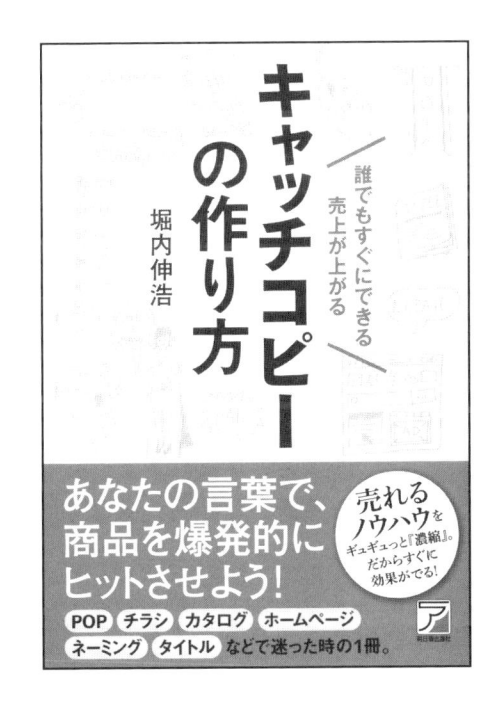

ISBN978-4-7569-1594-8
B6 並製　192ページ　本体価格 1500円+税

チラシ、カタログ、HP、POP、などに使えるキャッチコピーの作り方を学べる本。マーケティング視点から、どんなターゲットに向けたコピーを作成すればいいかを分析。さらに効果的なコピーを作るテクニックを58のルールでまとめた。
あなたの言葉で爆発的に商品をヒットさせましょう！

お客様の心をグッとつかむ「色」の法則

山本　真弓 / 田中　ひろみ　著

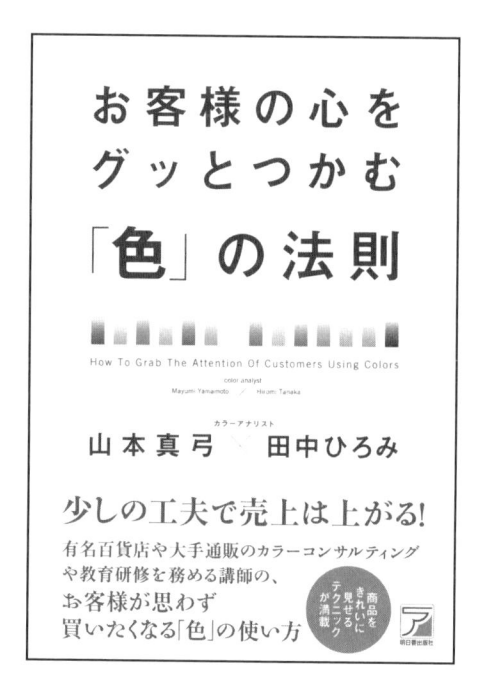

ISBN978-4-7569-1567-2
Ｂ６並製　184ページ　本体価格 1500 円＋税

「色」をうまく使うことで、お店が明るく見えイメージアップ！
販売力につながり、売上アップ！
大手百貨店の研修講師がこっそり教えます。
「色」のもたらす効果をちゃんと活かしてビジネスに結びつけましょう。

儲ける会社！が知っている 結果の出る マーケティングのやり方・使い方

村松 勝／吉田 隆太 著

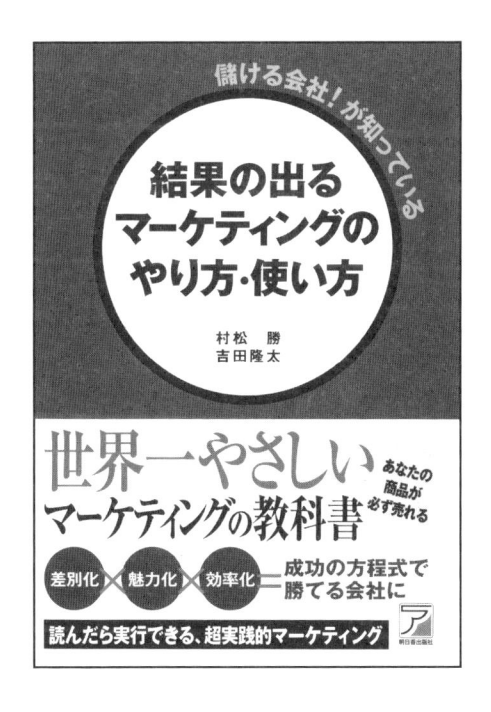

ISBN978-4-7569-1494-1
Ｂ６並製　216ページ　本体価格 1500 円＋税

マーケティングを簡単に習得することができる本。
マーケティングの構成要素を「差別化」「魅力化」「効率化」の３段階に分け、それぞれのステップを順番に実行することで、売上が上がる仕組にしました。
小難しい理論は省き、事例を通じて誰でもわかるように、シンプルで平易に解説。横文字はできるだけなくしました。

小さな会社こそが NO.1 になる
ランチェスター経営戦略

有名企業・大企業が業績を落とす中、小さいけれども利益をきっちり出す企業がある。そんな会社がやっているのは、他社からの追随を許さない経営である。ランチェスター戦略と経営の基本的な考え方、経営者のやっておきたい習慣を学び、NO.1 の会社を実現する。

本体価格 1500 円＋税　　B6 並製　〈232 ページ〉
09/08/14 発行　　978-4-7569-1289-3

坂上 仁志

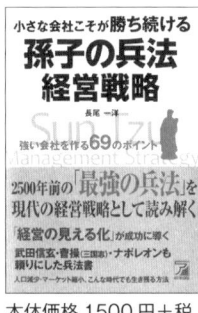

小さな会社こそが勝ち続ける
孫子の兵法経営戦略

世界最古で最強の兵法である「孫子の兵法」を現代のビジネスを勝ち抜くための経営書として読み解いた。中小企業経営者のために、大企業や不景気に負けない会社作りを目指す。マーケティング・経営理念の作り方や浸透のさせ方・IT の活用法などを学ぶ。

本体価格 1500 円＋税　　B6 並製　〈224 ページ〉
10/06/12 発行　　978-4-7569-1390-6

長尾 一洋

小さな会社こそが実行すべき
ドラッカー経営戦略

ドラッカーの本は大企業向けに書かれていることが多く、中小企業では実際にどのようにすればいいのかがわからない。そこでドラッカーの理論を初心者でもわかるようにやさしく解説した。

本体価格 1500 円＋税　　B6 並製　〈224 ページ〉
12/11/21 発行　　978-4-7569-1589-4

和田 一男

小さな会社こそが勝利する
ポーターの競争戦略

中小企業が不景気で苦戦を強いられている。そんな中で生き残り、利益を出していくにはどうすればいいのかをポーターの競争戦略で説く。自社の強みを最大限に生かす方法。

本体価格 1500 円＋税　　B6 並製　〈224 ページ〉
11/08/16 発行　　978-4-7569-1480-4

今瀬 勇二

経営のルール

経営者が知っておくべき「経営のルール」をまとめました。戦後日本の躍進経営の基盤を形成した「安岡帝王学」「孫子の兵法」「ランチェスター戦略」から「イシノ式ルール」まで。

本体価格 1300 円＋税　B6 並製　〈228 ページ〉
07/11/15 発行　　978-4-7569-1135-3　　　　　　石野 誠一

あたりまえだけどなかなかできない
社長のルール

「あれやこれや」社長の仕事はすぐ溜まる。このルールがわかれば社長は絶対すごくなる。社長業がおもしろいほどこなせる本。

本体価格 1300 円＋税　B6 並製　〈236 ページ〉
07/03/31 発行　　978-4-7569-1075-2　　　　　　石野 誠一

小さな会社の社長の戦い方

中小企業と大企業では、儲けの構造が異なる。ゼロから起業し、4000社以上顧客を増やし急成長させた社長が、中小企業がとるべき経営手法やマーケティング手法を教える。

本体価格 1500 円＋税　B6 並製　〈240 ページ〉
12/11/21 発行　　978-4-7569-1460-6　　　　　　井上 達也

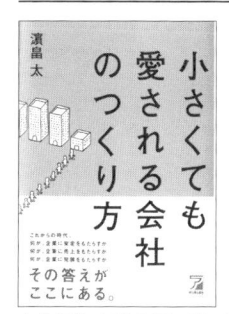

小さくても愛される会社のつくり方

ますます激しくなる競争環境を生き抜くためには、会社自身がユニークで、「愛される」存在になることが必須です。お客様からはもちろんのこと、取引先や従業員にまで「愛される」会社になるにはどうしたら良いのか、そのための考え方や手法を解説します。

本体価格 1500 円＋税　B6 並製　〈200 ページ〉
13/04/12 発行　　978-4-7569-1610-5　　　　　　濵畠 太

売りたいのなら、値下げはするな！
日本一わかりやすい　価格決定戦略

上田　隆穂 著

ISBN4-7569-0848-9
A5並製　256ページ　本体価格1800円＋税

デフレの時代だからと他社に追随して値下げしていると、いずれ自分の首を絞めることになります。
消費者心理を理解したうえで上手な価格戦略を立てていきましょう。
学習院大学教授が理論と実践をお教えします！